Georg Köberle

Der Löwe von Bearn - Tragöden in fünf Akten

Georg Köberle

Der Löwe von Bearn - Tragöden in fünf Akten

ISBN/EAN: 9783743424241

Hergestellt in Europa, USA, Kanada, Australien, Japan

Cover: Foto ©ninafisch / pixelio.de

Manufactured and distributed by brebook publishing software (www.brebook.com)

Georg Köberle

Der Löwe von Bearn - Tragöden in fünf Akten

Der Löwe von Béarn.

Tragödie in fünf Acten

von

Georg Köberle.

(Den Bühnen gegenüber Manuscript.)

Leipzig.
Druck von Oswald Mutze.
1876.

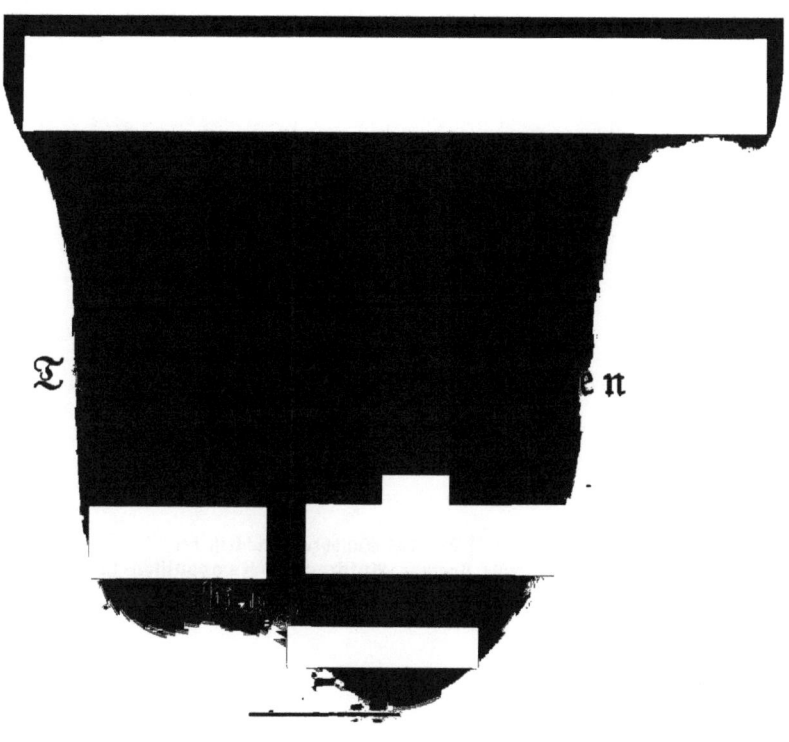

(Den Bühnen gegenüber Manuscript.)

Leipzig.

Druck von Oswald Mutze.

1876.

Die Verfügung über das Aufführungsrecht ist der
Agentur der Genossenschaft dramat. Autoren und Componisten zu Leipzig
übertragen. Das Reproductions- und Uebersetzungsrecht ist vorbehalten.

Vorwort und Regie-Bemerkungen.

Das unmittelbarste Quellenwerk über das Riesenprojekt, welches den Titelhelden der hier vorliegenden Tragödie während seines Lebens beschäftigte, sind Sully's hinterlassenen „Mémoires des sages et royales économies d'état, domestiques, politiques et militaires de Henri le Grand." Wäre die Aufgabe des Dichters mit den Zwecken des Memoirenschreibers identisch, so gäbe schon ein einfacher Auszug aus jenem Quellenwerke ein erschütterndes Bühnenstück. Jedoch dürfen es nicht bloß kahle Thatsachen, und noch weniger dürfen es Parteitendenzen sein, für welche der ethische Dramatiker interessiren soll: vielmehr hat er es mit der Bereicherung zu thun, die aus dem Anblick des Geschehenen für die philosophische Erkenntniß gewonnen wird. Er zeichnet menschliche Charactere und Conflicte; weder die genialste Politik noch die erstaunenswertheste Heldenthat, welche dem Historiker ein Material zu begeistertem Panegyrikus lieferte, böten ihm einen brauchbaren Stoff, wenn sich nicht ein psychologisch bedeutsamer Knoten darin entwirren würde.

Der „Löwe von Béarn", wiederholt von verschiedenen Autoren, auch vom Verfasser der vorliegenden Tragödie in einem seiner, an mehreren Bühnen vor Jahren nicht ohne Erfolg gegebenen, Jugendversuche für das Theater bearbeitet, bietet ohne Zweifel schon in der Geschichte eine der interessantesten Character- und Situationsverwickelungen, wie solche sich von der Phantasie des Dichters kaum pikanter erfinnen ließen. Noch ist es keinem Dramatiker gelungen, die großen in dem Stoffe selbst liegenden Schwierigkeiten vollständig zu überwinden. Gerade dies reizte uns zu einem nochmaligen Versuche, in der allerdings kühnen Hoffnung, daß sich auch hier vielleicht der Satz bewähren möge: "Manchmal steigt die Kraft mit der Bedeutsamkeit und Größe des Wagnisses."

Für diejenigen Bühnen, welche die Lösung der hier einem tüchtigen Kunstpersonal gebotenen Aufgabe versuchen wollen, sind wohl nachstehende Notizen nicht ganz unwillkommen:

Die ausdrückliche Angabe der Stellungen für das Personal wurde überall da, wo dieselben sich schon aus dem Texte klar ergeben, in den Anmerkungen unterlassen. Ebenso ist bezüglich der Ausstattung nur dasjenige genannt, was zur Handlung ganz unbedingt erfordert wird. Alles Weitere empfiehlt der Verfasser dem freundlichen Ermessen der geehrten Bühnenvorstände und Regisseure. Es wird denselben schon bei der Lectüre nicht entgehen, daß der Hof des Königs der Liebe und des welterschütternden Verschwörers in einen nach Thunlichkeit brillanten Rahmen gehört und daß den Hauptpersonen, insbesondere auch dem König selbst, ein öfterer Costumewechsel obliegt. Gleichwohl wird die Tragödie an solchen Theatern, die in ihrem Inventar das hiezu Wünschenswerthe entbehren und nicht in der Lage sind an Novitäten große Auslagen wagen zu können, sich wohl auch ohnedem auf den Brettern Geltung zu erringen vermögen. Eine Tragödie, welche den Glanz äußerer Ausstattung als unerläßliche Bedingung ihrer Lebensfähigkeit bedürfte, wäre schon deshalb ein verfehltes Product. Der Verfasser legt den Hauptaccent auf ein fleißiges Studium der Rollen und auf die geistige Qualität der Inscenirung, durch welche allein den Situationen und Characteren der Dichtung Rechnung getragen werden kann.

Von Strichen im Text räth der Verfasser entschieden ab. Das Stück enthält weder etwas Ueberflüßiges, noch etwas Entbehrbares. Konnte auch, wegen des großen Umfangs der Handlung, das für Tragödien übliche Maaß von zweitausend Versen nicht ganz genau inne gehalten werden, so übersteigt dennoch, wenn die Darsteller das richtige Tempo des Vortrags treffen, das Zeitmaaß der Darstellung die Spielzeit einer aus nur zweitausend Versen bestehenden Tragödie nicht um die Länge von fünf Minuten. Die vorliegende Dichtung verlangt und verträgt in der weit überwiegenden Mehrzahl ihrer Scenen nicht die gedehnte Wucht des tragischen Pathos, der nur in den Katastrophen am Platze ist; die größere Hälfte bewegt sich im historischen Conversationston und erhebt in manchen Situationen den Anspruch auf eine sich sogar dem modernen

Conversationstone nähernde Behendigkeit. Möge kein ausübender Künstler sich durch die Bezeichnung „Tragödie" über die Art des hier von ihm beanspruchten Vortrags irre leiten lassen! Wie der Verfasser nach einem zeitgemäßen Ausdrucke für den Ernst des menschlichen Schicksals rang, so hat auch die Reproduction auf den Brettern dasselbe Ziel anzustreben und es gilt, den goldenen Wink Lessings zu verwirklichen:

> „Kunst und Natur
> Sei auf der Bühne Eines nur;
> Wenn Kunst sich in Natur verwandelt,
> Dann hat Natur mit Kunst gehandelt."

Ob durch vorliegende Dichtung der darstellenden Kunst eine ausreichende Gelegenheit zu annähernder Lösung dieser schönen Aufgabe, nämlich zu der Aufgabe für das Tragische wieder einen zeitgemäßen und fesselnden Darstellungsstyl zu gewinnen, geschaffen worden sei, — dies zu entscheiden steht am wenigsten dem Verfasser zu und es möchte dies wohl überhaupt erst aus den Resultaten der Darstellung zu ersehen sein. Jedoch glaubt er sich der Hoffnung hingeben zu dürfen, daß sein Streben, durch unerläßliche und vom Fortschritte des menschlichen Geistes bedingte Concessionen an den Zeitgeschmack den Sinn des Theaterpublicums für das höhere Drama wieder zu erwecken, beim intelligenteren Theile der deutschen Bühnenvorstände Beachtung finden und man ihm Thaliens Hallen zu dem Versuche gern erschließen werde.

Noch erlaubt er sich, für die Regie einige scenische Winke beizufügen:

An Bühnen, welche bei Verwandlungen den Zwischenvorhang fallen lassen, wird es sich empfehlen, daß in der vierten Scene des ersten Actes (Seite 7) beim Steigen des Vorhangs Sully und Epernon sammt den Edelleuten und Pächtern sich schon auf der Bühne befinden, und zwar in sitzender Stellung und in heftigstem Gespräche. Die ganze Versammlung steht bei den Worten: „Der alte Abel Sully spielt kein Fangspiel mit neugepfropftem Reise", entrüstet auf. Sully erhebt sich mit Beginn der Rede: „Eure Wuth" u. s. w. gleichfalls.

Ebenso können in der letzten Scene des vierten Actes (Seite 61) des Alymes, Anhalt, Epernon und Villeroi mit den Gesandten sich beim Aufgehen des Vorhangs schon auf ihren Plätzen befinden, so daß nur noch Heinrich und Sully mit dem Hofstaat angesichts des Publicums aufzutreten haben.

Für große Bühnen wird es, der Verständlichkeit der Sprechenden wegen, besser sein, wenn in der fünften Scene des dritten Actes (Seite 35) die Beobachtungsstelle für die Hofcavaliere auf die linke Seite im Vordergrunde verlegt wird, statt, wie im Texte angegeben ist, unter das Säulenportal in der Tiefe. Sodann hat, während Epernon die Mähr von Béarn erzählt, nur La Riviere sich beobachtend unter das Säulenportal zurückzuziehen.

Aus demselben Grunde dürfte an großen Bühnen der Thron für die Thronsaalscene im vierten Acte (Seite 61), statt in die Tiefe, in den Vordergrund zu stellen sein. Dann kommt der Thron in schräger Richtung gegenüber dem Fenster zu stehen, am Piedestal zu den Seiten desselben befinden sich die zwei Statuen, und der Tisch mit den Schriften bleibt weg. Sully trägt das zur Handlung gehörende Document, welches jedenfalls aus einem gut gehefteten Fascikel von mehreren Blättern bestehen muß, in den Händen, überreicht es bei den Worten: „— — von Euch die Macht erbetteln müßte", dem König und empfängt es nach den Worten: „— — erwartet meine schriftlichen Befehle", aus dessen Händen wieder zurück. Gleichzeitig steigt Heinrich wieder auf den Thron und spricht dann die Schlußworte, statt am Fenster, auf der Höhe des Thrones stehend, während die untergehende Sonne durch das Fenster herein ihn mit einem röthlichen Schein überstrahlt.

Die Bezeichnungen „rechts" und „links" gelten durchgängig vom Standpunkte des Zuschauers aus.

Personen:

Heinrich IV. von Bourbon, genannt der Béarner, König von
  Frankreich und Navarra.
Marie von Medici.
Maximilian von Sully, Feldzeugmeister und Staatsminister.
Nogaret, Herzog von Epernon, bürgerlicher Abkunft und früher
  Mignon Heinrichs III. von Valois.
Karl, Herzog von Biron, Feldmarschall, Sully's Vetter.
Bellievre, königlicher Siegelbewahrer,} früher Anhänger der Ligue,
Villeroi, Kanzler, } jetzt Heinrichs Freunde.
Franz von Balsac, Freiherr von Entragues.
Catharine Henriette, seine Tochter, später Marquisin von
  Verneuil.
General-Adjutant Graf von Auvergne, deren Halbbruder,
  Bastardsohn Karls IX. von Valois, Birons Freund.
Christian, Herzog von Anhalt, Botschafter der protestantischen
  Fürsten Deutschlands.
Don Pedro de Toledo, Gesandter Philipps III. von Spanien.
Renat des Alymes, Gesandter des Herzogs von Savoyen.
La Riviere, des Königs Leibarzt und Astrolog.
Baptista Concini, Geheimschreiber, } Günstlinge der Marie von
Leonore Galigai, Kammerfräulein, } Medici.
Vitry, Kapitän der königlichen Leibgarde.
Renaudie, eine Bäuerin aus der Provence.
Jacques Lafin, verarmter Edelmann aus Bourgogne.
Franz Ravaillac.
Renieux, }
Goffroi, } Kaufleute und Bürger von Paris.
Tonay, }
Charneau, } Vagabunden.
Ein Page des Königs.
Die Gesandten von Großbritannien, Schweden, Ungarn, Böhmen,
Polen, Dänemark, Holland, der Schweiz, Venedig und Toscana.
Parlamentsmitglieder. Hofherren. Ritter. Priester. Mönche.
Bürger und Gefolge der fürstlichen Personen.
  Ort der Handlung: Im zweiten Acte Bourges und Lyon,
    sonst immer Paris.
Zeit: 1598—1610.

Erster Act.

Großer Saal im Louvre.

Im Hintergrund und an den Seiten mehrere Ausgänge.

Erste Scene.

Biron und **d'Auvergne** treten in heftigem Gespräche ein. Gleich nachher erscheint im Hintergrund **Jacques Lafin** und späht wie ein echter Spitzbube nach allen Seiten umher.

Biron. Uns möge dieser Béarner ja nicht reizen), —
Ich weiß an Königen und Kaisern mich
Zu rächen.
Auvergne. Karl! wir sind im Louvre. Nicht
So stürmisch, nicht so laut! Noch hat er keine
Beweise gegen uns.
Biron. Drum eben ärgert
Mich sein Verdacht.
Lafin (vortretend, fällt rasch ein). Herr Feldmarschall von Biron!
Biron (sich gegen ihn umwendend, betreten).
Lafin! — Was machst Du hier? Vergaßest Du,
Daß ich bei Nacht nur heimlich Dich empfange?
Lafin. Nein, strenger Herzog! nie vergaß ich Etwas,
Das Ihnen nützlich war.
(Eine Urkunde aus der Tasche ziehend.)
Die Wichtigkeit
Der Botschaft —
Biron (einfallend). Kurz denn! Was enthält die Schrift?
Lafin. Mehr als Sie wünschten. Der Savoyer hebt
Den Fehdehandschuh König Heinrichs auf.
Philipp der Fromme bietet Ihnen Geld
Und Truppen an. Mit einem Wort: Sie können
Durch spanische Klugheit nun für sich erkämpfen,
Was ihre Christentreue nicht errang.

Biron. Sein Angebot?
Lafin. Franche Comté mit Bourgogne
Nebst Charolais — als souveränes Reich —
Und unter Spaniens Schutz.
Biron. Lafin, Du bist
Der abgefeimteste Halunke Frankreichs. —
Sobald ich vor dem König mich vertheidigt,
Hör' ich Dich weiter.
Auvergne (zu Biron). Willst Du nicht zuerst
Den Antrag prüfen?
Epernon. Der Hispanier schreibt
Undeutlich, und ich hab' mit Buchstabiren
Mich niemals gern befaßt.
Lafin (für sich). Das heißt verdollmetscht:
Der edle Herzog kann nicht lesen.
Biron. Geh nur, Jacques
Lafin, und setz' die Antwort auf!
(drohend.) Doch — höre,
Daß Du mich treu bedienst!
Lafin. So treu wie Gold!
(schnell ab.)
Biron.
So wird der kühn geplante Traum denn rasch
Zur That, und eh' ich reiflich es erwogen,
Bin ich das Haupt des Bundes gegen Heinrich. —
Warum blieb unser Rath, Prinz Bouillon, fern?
Er ist wie wir zum König vorgeladen.
Auvergne. Ließ aber höflich sich entschuldigen,
Und meint: sieht Heinrich nicht uns alle drei
In seiner Macht, so wagt er, wüßt er
Auch schon das Schlimmste, keinen zu ergreifen.
Biron. Unnütze Vorsicht! Heinrich reizt nicht vorschnell
Durch solchen Streich die kaum bezähmte Ligua.
Auvergne. Du glaubst wohl, daß er diese Ligua fürchte?
Er, der mit Nichts, die Häupter der Parteien
Zum Feind, Europa's schönsten Thron bestieg,
Und seines Volkes Gunst im Sturm errang?
Biron. (bitter). Dies Lob steht gut im Munde seines Feindes!
Auvergne. Was frommt es, seine Macht zu unterschätzen?
Du hast die Ligua, er das ganze Land.
Biron. Und Spaniens Gold?
Auvergne. Liegt über fernen Bergen.
Um nicht zu scheitern, Karl, bedürfen wir
Jetzt in Paris hier neuer Bundsgenossen.
Biron. Wie sie erwerben?
Auvergne. Durch ein zartes Mittel.
Biron. Und dieses hieße?
Auvergne. Frauenlist. Du weißt,
Er kann nicht leben ohne Liebeshändel.

Biron. Die ihm schon manchmal tolle Streiche spielten.
Auvergne. So toll, daß er sich blind — doch still! man kommt.

Zweite Scene.

Die **Vorigen.** Der Herzog von **Epernon**, der Siegelbewahrer **Bellievre**, der Kanzler **Villeroi** und mehrere Abgeordnete des Staatsrathes, des Parlaments, der Geistlichkeit und Bürgerschaft treten aus dem Hintergrunde ein. Später König **Heinrich** von der rechten Seite kommend und gefolgt von vier Pagen, von welchen der eine auf einem Kissen ein Pergament trägt.

Epernon (im Eintreten zu seiner Umgebung).
    Wie ich Euch sage: mir mißfällt, daß Englands
    Gesandter oft geheim mit unserm König
    Verkehrt, indeß der Würdenträger Philipps
    Nur öffentlich und kalt empfangen wird.
Bellievre. Das weist auf Sturm, trotz aller Friedensworte.
Villeroi. Sieh da, der Herzog Biron und der Graf
    D'Auvergne! — Habt Ihr schon vernommen,
    Was in den Niederlanden sich begab?
Biron. Herr Kanzler, wir verweilten in Bourgogne;
    Da hört man wenig von der Welt.
Auvergne.   Erzählen
    Sie uns, was sich ereignete!
Villeroi.   Philipp
    Von Spanien vermählte Isabella
    Mit Herzog Albrecht, seinem frommen Vetter,
    Und gab zur Mitgift ihr die siebenzehn
    Provinzen mit der wunderlichen Clausel,
    Die Schenkung solle null und nichtig sein,
    Wenn in den Niederlanden eine andre
    Als die katholische Religion
    Geduldet würde.
Epernon.   Das gleicht Spanien,
    Es hält noch treu am Glauben.
Biron.   Wie am Krieg.
Villeroi. Ja wohl, die Furie sengt und brennt in Flandern.
Biron. So möcht' ich Niederländer sein. Da gibt
    Es noch Gelegenheit, den Muth zu zeigen.
    In Frankreich lebt man träge, seit die Valois'
    Begraben sind und sich ihr froher Erbe
    Den König über den Parteien nennt.
    Kaum geht ein Zweikampf ungestraft noch durch;
    Die Hugenotten ziehn umher, ob sie
    Ein Recht so gut wie wir zu leben hätten;
    Und auch den Bauer, der sonst unterthänigst
    In seine Mäuselöcher sich verkroch,
    Wenn auf dem stolzen Rosse majestätisch
    Ein Krieger über seine Felder flog, —

Auch er sogar trägt seinen Kopf so hoch,
Als dürft' er ewig ernten, was er sä't.
Villeroi. Dank unsers Königs Weisheit, Feldmarschall!
Bellievre. Und mehr vielleicht noch Sully's klugem Rathe!
Biron. Je nun, Ihr Herrn, das Kunststück ist gelungen
Und sieht, bei Tag betrachtet, menschlich aus.
Der königliche Erbe ohne Geld
Und Heer und Lande, (den man, unbekannt
Mit seiner Herkunft, einst als niedern Hirten
In Béarn erzogen), hatte schlaue Freunde
Und nahm — wie man so sagt — den Vortheil wahr.
Als Hugenottenhäuptling wär' er wohl
Noch heut der länderlose „kleine Béarner"!
Drum schlug im rechten Augenblicke listig
Er ein katholisch Kreuz und stand zur Mehrzahl.
Paris war ja des Gangs zur Messe werth!
Villeroi (in edler Entrüstung).
Herr Feldmarschall! So kann ein Mann nur sprechen,
Der nie ein Herz für Frankreich hatte.
Biron (fährt mit der Hand nach seinem Schwert).
Das fordert Blut.
Auvergne (ihn zurückhaltend). Wahnsinniger!
Biron. Laß mich!
Epernon. Der König!
Heinrich (eintretend). Ruh', Ihr Herrn! — Muß ich den Frieden,
Den ich dem Lande geben will, zuerst
In meinem eignen Haus gebrochen sehn?
Villeroi. Der Herzog —
Heinrich (einfallend). Spricht oft in den Tag hinein.
Villeroi. Er hat gewagt —
Heinrich (wieder einfallend). Ich will des Streites Inhalt
Nicht kennen und verzeih', eh' Sie geklagt.
Villeroi. Sire, die so kühn verletzte Majestät —
Heinrich (abermals einfallend).
Des Königthumes Majestät thront höher,
Als daß ein unbedacht gesprochnes Wort
Verletzend sie erreichte.
(Ohne eine Entgegnung abzuwarten, tritt er in die Mitte des Saales.)
Euch Alle, Abgesandte
Des Adels, Parlaments, der Geistlichkeit
Und Bürgerschaft von Frankreich und Navarra
Heiß' ich willkommen hier in meinem Cabinet.
Ihr wißt, wie durch den finstern Glaubenhaß
Seit vierzig Jahren jede Greuelthat
Beschönigt war. Drum ließ, sobald die Krone
Mir erblich zufiel, in dem Städtchen Nantes
Durch weise Männer ein Gesetz ich schaffen,
Das einer daseinswerthern Zukunft Euch
Entgegenleite.
(Er ergreift das Pergament auf dem Kissen des Pagen.)
Diese Schrift,

Das Werk der gründlichsten Berathung, sichert
Jedwedem Bürger seinen Glauben, sei
Er Hugenotte oder Katholik.
Sie Beide haben fortan gleichen Schutz,
Ein Jeder ehre Gott nach *seiner* Meinung
Und reiche, nach der Täuschung langem Zwiespalt,
Den Brüdern friedlich seine Bruderhand.

Epernon (für sich). Er-reformirt, bis er das Oberste
Zu unterst hat gekehrt!

Heinrich zu Bellievre, ihm die Schrift übergebend).
Dies Pergament
Zur Staatskanzlei! Im Staatsregister gebe
Man ihm die Ueberschrift: „Heinrichs des Vierten
Religions-Edikt von Nantes!"

Bellievre. Sire,
Sie gehn zu weit, eh' widerlegt ist, daß
Der Neu'rer Lehre in die Hölle leitet!

Heinrich. Wohl, Bellievre, das kommt daher, weil
Noch Niemand mir beweisen konnte, daß
Die Bartholomäusnacht zum Himmel führte. —
Des Friedens wegen that ich, was ich that.
Ich habe zu Vervin mit Spanien
Den Frieden abgeschlossen — ich will fortan
Auch Ruh' in meinem eignen Reiche haben.

(Er gibt mit der Hand einen Wink, worauf sich die Abgeordneten, unter ihnen Epernon, Villeroi und Bellievre, entfernen. Der König für sich.)

Ein Schritt gethan zum Ziel.
(Laut.) Graf von Auvergne!
(Auvergne tritt mit einer tiefen Verbeugung vor.)
Man rühmt mir Ihre hohe Fähigkeit
In schwierigen Verhandlungen. Sind Sie
Geneigt, dem Vaterland zu dienen, soll
Es Ihnen an Gelegenheit nicht fehlen.

Auvergne. Ich' harr' in Ehrfurcht meines Königs Auftrag.

Heinrich. Gut, Graf d'Auvergne! Ich werde bald Sie rufen
Und nach Verdienst erheben.

Auvergne (nachdem er sich gegen den König tief verbeugt, im Abgehen leise zu Biron).
Noch ganz arglos.

Biron (ebenso zu d'Auvergne).
Das macht den Sieg uns desto leichter.

Heinrich. Herzog
Von Biron!

Biron (der sich mit d'Auvergne entfernen wollte, kommt zurück).
Mein erhabner König!
(Auvergne ab. Alle Andern haben sich indeß bereits entfernt).

Dritte Scene.
Heinrich. Biron.

Heinrich. Sie wollten gehen ohne mich zu sprechen,
Obgleich wir lang uns nicht mehr sahen! — Ist

     Es wahr, daß ich in Ihnen einen Freund
     Verlor, seit ich die Krone fand?
              Sire, Sie
     Bedürfen meiner Faust nicht mehr.
Heinrich.   Und ist
     Des Lebens Reiz für Sie entschwunden, wo
     Es nicht durch Ströme Blutes gleitet? — Biron,
     Man hat von Ihnen Schlimmes mir berichtet.
Biron. Verläumdung, Sire —
Heinrich.   Lafin geht öfter aus
     Und ein bei Ihnen. Meiden Sie den Menschen!
     Sein Name klingt so schlecht, daß das Gerücht
     Seither sogar an Ihrer Treue zweifelt.

(Biron macht betreten einem Schritt zurück, Heinrich nähert sich ihm und legt seine Hand auf dessen Schulter.)

     Und Biron könnt' an mir zum Schurken werden
     Nach achtzehn Jahren brüderlicher Freundschaft?
     Theilt' ich nicht Kriegesleid und Siegeslust
     Mit Ihnen? zeigt ich, seit ich König wurde,
     Als Herr mich? Hatt' ich anders mich verändert,
     Als daß ich reicher lohnte, seit ich reicher
     Geworden bin? Und dennoch, Biron — nein,
     Ich kann und will's nicht glauben! Wären Sie
     Auch weiter schon gegangen, als ich fürchte,
     Wär' der Verrath kein leeres Wort mehr, Biron —
     Das schon gezückte Schwert müßt' Ihrer Hand
     Entfallen, zielten Sie nach mir, dem Freund und König!
Biron. Mir fehlt, um meine Unschuld zu erweisen,
     Die Sprache, Sire, so schwer drückt Ihre Klage
     Mich nieder.
Heinrich.   Reden Sie die Wahrheit, Biron?
     Ihr Wort spricht: ja! Ihr Blick sagt: nein. Doch will
     Iches für Wahrheit gelten lassen, weil
     In Ihren Zügen Reue und Verwirrung
     Zu lesen ist. Beweisen Sie den Zweiflern
     Durch eine tapfre That, daß Sie mit Worten
     Zwar übermüthig spielten, doch im Ernst
     Des Lebens treu bei ihrer Pflicht verharren.
Biron. Zu solchen Thaten, Sire, vermisse ich
     Gelegenheit.
Heinrich.   Bald wird sie kommen, bald.
     Es zwingt mich eben jetzt Savoyens Herzog,
     Gewaltsam unser gutes Recht zu nehmen.
     Der Ränkevolle weigert sich, Saluzzo,
     Das er im Bürgerkrieg gestohlen, uns,
     Dem Eigenthümer, gütlich zu erstatten.
     Ich habe deshalb Krieg ihm angekündigt.
     Es wird ein kurzer Feldzug nur, doch reicht
     Er hin, um Ihre Treue zu erproben.
Biron. Und was verlangt mein hoher König von mir?

Heinrich. Daß Sie die festen Plätze des Savoyers,
Montemelian und Bourges, erobern.
Biron (für sich). Der Schlaue wählt zum Unterdrücker mich
Des Aufstands, dessen Haupt ich bin.
Heinrich. Sie staunen,
Daß Ihnen die Rechtfertigung so nahe
Gelegt wird?
Biron. In der That, ich weiß nicht, Sire,
Wie ich soll danken!
Heinrich. Durch ein Herz, das mich
Versteht.
Biron. Mein Schwert sei Bürge für den Sieg.
(Im Hintergrund ab.)
Heinrich (allein, ihm nachsehend).
Was wird er nun beginnen? Er ist kalt
Und karg in Worten! Wollt' er den Verrath
Zu Ende führen, könnte seine Macht,
Die ich durch diesen Auftrag noch verstärkt,
Gefährlich werden. Doch — nein, nein! Hinweg
Du finstrer Argwohn! Es wär' gar zu teuflisch,
Wenn sich auch jetzt noch keine Stimme rührte
In dieses Kriegers rauher Heldenbrust. (ab.)

Verwandlung.
Alterthümliches Gemach in Louvre.

Vierte Scene.

Sully und **Epernon** treten mit mehreren Edelleuten und **Pächtern** ein. Später König **Heinrich**.

Sully. Fügt in Geduld Euch, edle Herrn! Ihr habt
Kein Recht, auf diesem Unrecht zu bestehn.
Epernon. Und welches Recht hat denn der Herr Minister,
Die Pachtverschreibungen der Valois'
Mit einem Federzug uns zu entreißen?
Sully. Ihr pocht auf ein erschlichnes Pergament?
Auf den im Bürgerkrieg verübten Diebstahl?
Epernon. Diebstahl?
Sully. Nennt's Raub! Wie — oder preßt Ihr jährlich nicht
Dem ausgesaugten Volke einmal hundert
Und fünfzig Millionen Livres ab,
Wovon Ihr dreißig an den Staat bezahlt,
Und hundertzwanzig volle Millionen
In jedem Jahre kecklich unterschlagt?
Epernon. Was wir durch unsern Pacht gewinnen, geht
Den Staat nichts an.
Sully. Nichts an? Seid Ihr denn Frankreich?
Epernon (in Wuth). Ich wiederhole: reizen Sie uns nicht!

Sully (ruhig). Der alte Adel Sully spielt kein Fangspiel
   Mit neu gepfropftem Reise.
(Die Versammlung wird unruhig, Sully wendet sich wieder gegen Alle). Eure Wuth
   Wird Nichts an jener Pachtverordnung ändern.
   Hoch über dem Betruge stehen fortan
   Gesetz und Recht; ja, müßt' es sein, so ist
   Der Strick für einen Schuft von Millionen
   Nicht minder als fürs ärmste Pack erfunden.
Epernon. Für diesen Schimpf stehn Sie mir morgen Rede.
Sully. Ich führ' das Schwert so gut wie meine Feder.
Heinrich (der schon während der letzten Reden unbemerkt im Hintergrund verweilte, tritt vor).
   Und ich erbiete mich zum Secundanten! —
   (Alle mit Ausnahme Sully's weichen vor dem König erschrocken zurück.)
   Pfui, Epernon! Sie treiben in Paris
   Die Wirthschaft eines Müssiggängers, drum
   Bemeistert Sie der Wahn des Uebermuths.
Epernon. Gereizt, mein König, hab' ich mich vergessen.
Heinrich. Und dies Vergessen muß ich Ihnen wohl
   Verzeihn, denn wollt' ich jeden hängen lassen,
   Der sich mit Worten über mich erhob,
   So lieferten die Wälder Frankreichs kaum
   Genug des Holzes, Galgen zu errichten.
   (Zu den Rittern und Pächtern.)
   Es tobt ein schlimmer Geist in Euch, Ihr Herrn!
   Noch, scheint es, denkt mit Sehnsucht Ihr der Tage,
   An welchen Katharina's Ränke herrschten
   Und Euch des Bürgerkrieges wüster Greuel
   Wie Janitscharen ließ im Lande hausen.
   Nehmt Euch in acht, eh' meine Güte endet.
Epernon. Mein König —
Heinrich.   Reden Sie, wenn ich von Ihnen
   Ein kluges Wort kann hören!
Epernon (nachdem er sich gegen den König verbeugt hat, zu den Rittern und Pächtern).
                  Kommt! der König
   Schickt mit der Zeit uns noch zur Schule!
   (Alle ab, außer)

Letzte Scene.

Heinrich und Sully. Später ein Page.

Heinrich.   Mahnt's mich immer,
   Wie weit wir noch entfernt sind von dem Ziele! —
   Ach, Sully, bangend seh' ich in die Zukunft
   Und stets befällt mich düstre Schwermuth, denke
   Ich der Entartung unsrer Kriegeshelden
   Und daß mein Weib mir keinen Sohn geschenkt.
   Verstärb' ich ohne Erben, ginge Alles,
   Was für dies Land ich schuf, rasch wieder unter
   In eines neuen Bürgerkrieges Greueln.

Sully. Davor schütz' uns der Himmel! Seit die Ehe
Gelöst ist, die Sie einst an Margaretha,
Die letzte unfruchtbare Valois, band,
Wirbt Frankreich um die Hand der Herzogin
Marie, Toscana's Tochter.

Heinrich. Offen, Sully —
Ich wünsche nicht, daß die Gesandten, die
Wir aus Florenz zurückerwarten, mir
Ein Jawort brächten.

Sully. Sire, weßwegen denn,
Wenn nicht Ihr Herz für diese Braut entschied,
Fiel Ihre Wahl gerade auf Marie?

Heinrich. Vom Parlament gedrängt, erkor ich sie,
Um Aufschub zu gewinnen, fest erhoffend,
Toscana's kluger Herzog werde uns
Der Tochter Hand verweigern, denn — noch fand
In Frankreich keine Medicäerin
Ihr Glück.

Sully. Und wenn man dennoch in Florenz
Durch diese Werbung sich geschmeichelt fühlte?

Heinrich. Erinnern Sie daran mich nicht! Es wäre
Ein Wink des unerbittlichen Geschickes,
Daß ich des Lebens freudenreiche Blüthe,
Des Mannes höchstes Gut, vereint
Die Liebe und die Gattin, nie kann finden.

Sully. Wie soll ich dieser Klage Absicht deuten?
Sire, wäre wahr, was man mir von des Herrn
D'Entragues' Tochter hat erzählt?

Heinrich. Ja, Sully,
Marquis d'Entragues' Tochter ist vollendet,
Und wäre sie aus königlichem Stamm
Entsprossen, so — doch nein! nicht so kann ich
Es sagen, so verstehen Sie mich nicht. —
Marquis d'Entragues ist ein strenger Mann —
Er fühlte sich gekränkt; da drängte sich
Der Vorwurf zwischen mich und meine Liebe,
Und deshalb möcht' ich gern von Ihnen hören,
Was Sie —
(Ein beschriebenes Blatt aus dem Busen ziehend.)
was Sie von dieser Schrift wohl denken

Sully (nimmt das Blatt und liest).
„Wenn Henriette, Freiin von Entragues,
„Mich binnen Jahresfrist mit einem Erben
„Beschenkt, so sei sie meine Gattin. Dies verspricht
„Ihr Heinrich von Navarra und von Frankreich."
(Sully's Bestürzung zeigt sich durch ein nicht zu verhüllendes Zittern seiner Glieder.)

Heinrich. Es ist natürlich eine Formel nur.
Wohl nie wird Henriette ihren Blick
So hoch erheben. Dieses Blatt soll gegen
Den Vorwurf ihres Vaters sie beschützen.
(Sully gibt die Urkunde mit zitternder Hand dem König zurück.)

Sie wenden Ihr Gesicht hinweg und schweigen! (Pause).
Ich will Ihr Urtheil hören.
(Pause). Sully, ich
Befehle: brechen Sie dies bange Schweigen!

Sully. Sie stellen mich auf eine harte Probe.
Mein Urtheil, Sire, verlangen Sie zu hören?
Sei's! — Geben Sie die Schrift mir noch einmal!
(Der König reicht die Schrift hin; Sully nimmt sie schweigend und zerreißt sie.)

Heinrich (betroffen zurückprallend).
Was unterstehn Sie sich?

Sully. Europa, Sire,
Bewunderte bis heute Ihre Thaten, —
Sie selbst nun werfen, mit solch einem Blatt
In Henriettens Hand, sich in den Staub,
Weil eine flüchtige Leidenschaft Sie blendet.

Heinrich. So spricht, wer nie der Liebe Macht empfand.

Sully. Sire, Frankreichs Schicksal steht hier auf dem Spiel.

Heinrich. O Himmel!

Sully. Henriette ist die Tochter
Des Herrn d'Entragues, jenes stolzen, halb
Nur ausgesöhnten Glieds der alten Ligua!
Ihr Bruder ist der ruhelose Träumer
Graf von Auvergne! Dieses Bruders Freunde
Sind der verwegne Prinz von Bouillon
Und der herrschsüchtig rauhe Herzog Biron,
Der weit schon ging in seinen kühnen Plänen!
Und jetzt, da Krieg soll werden mit Savoyen,
Da in Guienne ein Bündniß gegen Sie
Noch in der Asche drohend glimmt — jetzt zeigt
Man Ihnen Henriettens blendende -
Gestalt und bietet deren Gunst zum Kauf,
So wie man eine Schuldverschreibung wohl
Feilbietend kann zu Markte tragen. Sire,
Einst schufen Sie aus Nichts ein Heer. Mit Nichts,
Als mit der Achtung, die der Name Heinrich
Selbst unter den Empörern sich errungen,
Beschwuren und besiegten Sie den Gegner,
Daß Frankreich, das Entartete, vor Ihnen
Sich neigte, um an Ihrem Vaterherzen
In Treu' und Glauben wieder zu erstehn.
Kaum noch so groß und stark, und jetzt so klein
Und blind! — O Sire, ich glaube nimmermehr
An Mannesgröße, findet König Heinrich,
Der heut sich selbst verlor, nicht bald sich wieder.

Heinrich (für sich.) Er weiß, wo er am stärksten mich kann fassen.
(Ein Page ist indeß eingetreten, hat still mit Sully gesprochen und sich dann wieder entfernt.)
Was wollte jener Page hier?

Sully. Sire, unsre
Gesandten aus Florenz sind angekommen,
Und bringen Ihnen eine Gattin.

Heinrich (zurückschauernd). O ewige Barmherzigkeit!
(Nach einer Pause für sich.)
Und Henriette hat das Document,
Für das ihn jene Abschrift stimmen sollte,
Schon in den Händen! — Hier mein Herz, und dort
Mein Weib! Das Volk in Hoffnung schlichten Glückes,
Den liebeleeren Glanz am eignen Herde —
Das ist mein Königsschicksal auf der Erde!
(Während er auf einen Stuhl niedersinkt und Sully theilnahmsvoll sich ihm nähert, fällt der Vorhang.)

Zweiter Act.

Alterthümliches Gemach in Bourge en Bresse.

Links und in der Mitte Thüren, rechts ein Fenster.

Erste Scene.

Lasin sitzt an einem Tisch und ordnet Briefe. **Biron** kommt durch die Mitte, und gleich darauf **d'Auvergne** von der Seite.

Biron (unter der Thüre nach außen).
Das also sind die Schlüssel Eurer Stadt?
Entfernt Euch!
(Vortretend) Memmenvolk! Von Bourge en Bresse
Ist keine Seele eine Kugel werth.
(Er wirft die Schlüssel auf den Tisch.)
Auvergne. Dein Zorn bringt das Verlorne nicht zurück.
Biron. Ich könnte Alle hängen sehen. Hat
Man, seit die Erde steht, jemals gehört,
Von einer solchen Uebergabe? Ich,
Der Führer von dem königlichen Heere,
Berichte heimlich ihrem Gouverneur,
In welcher Nacht ich vor die Stadt will rücken,
Und send' ihm den Belagrungsplan sogar,
Ein trefflich Stümperwerk, so daß er leicht
Des Königs ganze Macht vernichten konnte.
Bis vier Uhr wacht die Mannschaft schlagbereit.
Da ich, durch Ueberschwemmung aufgehalten,
Ein Stündchen später als bestimmt war nahe,
Find' ich bei ihren Weibern alle schlafend,
Und muß so Heinrichs Truppen wohlbehalten
In des Savoyers schönstes Bollwerk führen.

Auvergne. Wenn dieses nur das Schlimmste wäre! Sprachst
Du schon den Boten?
Biron. Heut sah ich noch keinen.
Auvergne. So weißt Du nicht, daß Montemelian
Auch überging?
Biron. Unglaubliches Gerücht!
Wer könnte Montemelian erobern,
Dies unersteigbar hohe Felsennest?
Auvergne. Was ist dem Könige unmöglich, hat
Er seine rechte Hand bei sich?
Biron. Du träumst!
Der König, fern vom Lager, in Lyon,
Macht eben Hochzeit und befehligt arglos
Noch über schöne Frau'n und heitre Bälle.
Auvergne. So wähnten wir, indeß auf Sully's Rath
Das Fest er kürzte und ins Lager kam.
Dort Croqui's, Deines Unterfeldherrn, List
Gewahrend, setzte er ihn ab und stellte
Den Herrn von Sully auf den Platz.
Biron. Der aber?
Auvergne. Vollbrachte das Unglaubliche.
Die Mannschaft des Savoyers liegt,
Bis auf den Boten, der die Nachricht meldet,
Im Schutt der stolzen Felsenburg begraben.
Biron (auf einen Stuhl niedersinkend).
Das ist ein harter Schlag. Ich dachte dort
Bis zu des Spaniers Ankunft mich zu halten.
Lafin. (der, in Schriften blätternd, dem Gespräche immer aufmerksam folgte, ein
Document in den Händen, für sich).
Das Pactum mit Don Philipp, durch das Kreuz
Des Herzogs selbst beglaubigt — ist zu brauchen.
(Er steckt das Document in die Tasche.)
Auvergne. Und auch den letzten Anker droht uns Sully
Zu rauben. Was mit Henriette sich
Begeben, — weißt Du's schon?
Biron. Daß König Heinrich
Die Ehe ihr versprach?
Auvergne. Und Sully schnell
Die Florentinerin hat vorgeschoben.
Doch nicht genug, daß des geliebten Hand
Er meiner Schwester stahl, will jetzt
Er auch die Liebe Heinrichs ihr entwinden.
Wie sehr der König gegen jenes Weib
Sich sträubte, ist bekannt. Seit der Vermählung
Führt Sully klug das neue Paar von Lust
Zu Lust durch immer schlau're Wendungen!
Der König wird mit jeder Stunde heitrer,
Und findet schon die Gattin ganz erträglich.
Lafin (aufstehend und die Papiere unter den Arm nehmend, für sich).
So schwimme wer noch schwimmen kann! (Ab.)

Auvergne (durch das Fenster blickend).
　　　　Noch eine Hiobsbotschaft?
Biron. 　　　　　　　　　Was erschreckt Dich?
Auvergne. Dort sprengt ein Reiter raschen Fluges über
　　Die Brücke. Täuscht die Kleidung nicht, ist's eine
　　Von unsern Wachen.
Biron. 　　　　　　Höre, was sie meldet!
　　　　(Auvergne durch die Mitte ab; Biron allein.)
　　Zurück kann ich nicht mehr und will es nicht!
　　Verzeihung, würde sie zum Zweitenmal
　　Mir auch geboten, ich ertrüg' sie nicht.
Auvergne. (zurückkommend).
　　Bereite Dich, unangenehme Gäste
　　Bald hier zu sehen. Max von Sully naht.
Biron. Von welcher Seite?
Auvergne. 　　　　　　Von Villars.
Biron (freudig). 　　　　　　　Villars?
Auvergne. Was jubelst Du?
Biron. 　　　　　　Die Straße führt ihn nah
　　Am Schloß vorüber, das ein Regiment
　　Savoyer, welches heute früh nicht schlief,
　　Noch inne hat. Ein Wink an diese, werden
　　Ihr Ziel sie nicht verfehlen! Und ist Sully
　　Erst aus dem Weg, so kommen wir auch leicht
　　Mit Heinrich noch zurecht.
Auvergne. 　　　　　　Wohl, ich verstehe Dich
　　Und sende einen sichern Herold. (Ab.)
Biron (allein). Er wollte mich vernichten, falle jetzt
　　Er selbst, — er, der so unvorsichtig sich
　　In des gereizten Löwen Nähe wagt!
　　　　(Er öffnet das Fenster und schaut ins Freie.)
　　Dort naht ein Trupp sich von Villars — er wird
　　Es sein.
　　　　(Man hört aus der Ferne Kanonendonner.)
　　　　　　Ein Schuß! zwei! drei! — d'Auvergne war pünktlich!
　　　　(Eine ganze Salve aus der Ferne.)
　　Ha — die Savoyer kennen ihren Feind!
　　Ich sehe von den Reisigen nichts mehr,
　　So hüllen Rauch und Staub sie ein; doch wem
　　Der Kugelgruß gegolten, sicher schloß
　　Sein Auge er für immer. — Und statt Sully
　　Jetzt Henriette wieder vorgeschoben!
(Er wendet sich um und erblickt den eben in kriegerischem Reisecostüme eintretenden
　　Sully; erschrocken und erstaunt fährt er zurück.)

Zweite Scene.
Biron: Sully.

Biron. Nicht todt?
Sully. 　　　　Es scheint, ich komme unerwartet!
Biron. Sie überraschen mich, Herr Vetter; dennoch
　　Sind Sie willkommen hier in Bourge en Bresse.

In scharfem Feu'r des Feindes wagten Sie
An dem Castell vorbei sich in die Stadt.
Ich hoff', daß Ihr Gefolge nicht gelitten.

Sully. Nein, Feldmarschall. Noch brauchen Sie
Kein Trauerkleid um uns zu tragen.

Biron (seine Aufwallung nur mit Mühe unterbrückend, nach einer kleinen Pause).
Der Glücksstern Heinrichs schützt Sie.

Sully. Ja, Herr Vetter,
Es war ein Glücksgedanke, der mir half.
(Er tritt an dasselbe Fenster, an dem vorher Biron stand.)
Sehn Sie den Weg, auf dem zur Stadt ich kam!
An jener Fichte scheidet sich die Straße:
Die eine führt gerad' hierher, die andre
Auf einem Bogenwege ebenfalls
Hierher. Hätt' ich den Bogenweg gewählt,
Der sichrer schien, so stand ich auf der Spitze
Des Hügels mitten in dem Kugelregen.
Doch weil ich g'rade ausging, trotzend jeder
Gefahr, so flog das tödtliche Geschoß
Hoch über mir dahin, und traf ein Ziel,
Das sein Absender wohl nicht treffen wollte.

Biron. Wer war der Trupp denn auf dem Bogenwege?

Sully. In ein französisch Schweizerregiment
Verkleidete Savoyer.
(Biron's Bestürzung wahrnehmend, fährt er nach einer kleinen Pause, ihn streng fixirend, fort.)
In der dreisten
Verkleidung hofften sie mich zu umzingeln,
Und, schossen nicht die eignen Kameraden
Vom Schloß sie nieder, war ich wohl verloren.

Biron (von dem Fenster hinweg gegen die Mitte des Saales tretend, für sich).
Die Kugel, ihm gesendet, rettet ihn
Und trifft den Freund! O Alles geht verkehrt.

Sully (für sich). Er mußte also um den Ueberfall!
(Sich ihm wieder nähernd.)
Der König, der von Montemelian
Mit seiner Gattin nach Lyon zurück
Sich zur Beendigung der Hochzeitsfeste
Begab, ertheilte mir den Auftrag, Sie
An seinen Hof zu laden.

Biron. Mich? Was sollte
Denn ich im Tanzsaal?

Sully. Nach des Kampfes Müh'n
Erfreut sich auch der ernste Krieger gern
Am Anblick schöner Frau'n. Sie haben Bourge
Fast schneller als ich Montemelian
Bezwungen. Fürchten Sie, mit diesem Sieg
Den Damen von Lyon zu nahen?

Biron. Fürchten?
Was hat ein Biron je gefürchtet? Gehn
Wir denn, wir beide, nach Lyon! zum König!
(Ab; Sully folgt ihm.)

Verwandlung.

Ein prachtvoller Saal in Lyon.

Rechts und links Thüren. Im Hintergrunde ein Säulenportal mit aufgezogenen Vor=
hängen, durch welches man die Aussicht in den Festsaal hat.

Dritte Scene.

Entragues und **Epernon** treten von verschiedenen Seiten ein.
Später **Henriette**.

Epernon. Du — in Lyon?
Entragues. Ich selbst! Und was sucht Herzog
Von Epernon am neubestallten Hofe?
Epernon. Du irrst! der König weilt noch an der Grenze.
Entragues. Doch kommt er heut zurück.
Epernon. Mit ihm auch Biron.
Er schrieb mir und sein Brief ist an uns beide
Gerichtet. Lies ihn selbst!
Entragues (das Papier, welches Epernon ihm hinreicht, nehmend und lesend).
"Tragt Sorge, daß
Bei unsrer Ankunft in Paris der König
Die Stadt in Aufruhr finde! Fremde Hilfe
Ist uns gewiß." (Kleine Pause.)
Befolgst Du diesen Wink?
Epernon. Es wäre Wahnsinn.
Entragues. Dann behalte ich
Den Brief. (Er steckt denselben ein.)
Epernon. Entragues! — Einem Aussichtslosen
Schließt sich kein Kluger an.
Entragues. Den Freund in Noth
Verläßt kein Edler.
Epernon. Treffender gesagt:
Wer Heinrich seine Tochter lieh, der grollt,
Weil er dadurch nicht eines Königs Vater
Geworden.
Entragues. Tod und Teufel! Kennst Du das Gefühl
Des Mannes, welchem man sein einzig Kind zur —
(Sich selbst unterbrechend.)
O Gott, ich bring' das Wort nicht aus dem Munde.
Epernon. Ihr seid dafür bezahlt und abgefunden,
Du durch den Loskauf von den Gläubigern,
Und Deine Tochter durch das Marquisat
Verneuil.
Entragues. Abgefunden — wir? Wie? Deckt
Ein Häufchen Gold die Schande?
(Gräßlich lachend.) Abgefunden!
Epernon. Weiß Henriette schon von Heinrichs Trauung?
Entragues. Die arme Thörin glaubt nicht dran.
(Ein Diener öffnet die Mittelthüre und Henriette wird unter derselben sichtbar.)

Epernon. Sie naht.
  Ich lasse Euch allein mit Euerm Leid.
  (Sich gegen die eintretende Henriette verbeugend, geht Epernon durch die Mitte ab.)
Henriette. Ach Vater, ein unnennbar schwerer Traum
  Erschreckte mich in dieser Nacht, und trieb
  Den Genius des Schlafes grausam mir
  Vom müden Auge fort.
Entragues. Ein Traum? Laß hören!
Henriette. Ich weilte, — also kam mir's vor, — ich weilte
  Allein auf schwindlich hoher Bergesspitze,
  Und rings umgab in endlos öde Fernen,
  So weit das Auge reichte, mich nur Wüste.
  Dort saß ich, saß und klagte: „Herz, wo bist
  Du hin?" Doch nur mein Echo ließ sich hören:
  „Hin! Hin!" Und leise, immer leiser klang
  Der eine Laut dumpf aus der fernen Oede:
  „Hin!" So durchlief er klagend eine Welt,
  Die ganze Welt der Sehnsucht und des Grams,
  Bis er den qualerfüllten Schlaf verscheuchte
  Und schaudernd ich empor vom Lager sprang.
Entragues. Du träumtest dies nur? Arme Tochter! Heller,
  Als hier im Traume, hast Du wachend nie
  Gesehen.
Henriette. Wachend? Nein! Der schlimme Traum
  War nur die Wirkung Deiner ängstlichen
  Besorgniß. Wachend sagt das Herz mir, daß
  Mein Traum gelogen. — Sahst Du schon den König?
  (Man hört aus der Ferne ein militärisches Signal.)
Entragues. Dies Zeichen scheint zu melden, daß so eben
  Er kommt. Du zitterst!
Henriette (freudig). Nicht aus Furcht, mein Vater!

Vierte Scene.

Die **Vorigen** ohne Epernon. **Concini.** Gleich darauf **Marie von Medici**, **Leonore Galigai** und einige Hofdamen. Später König **Heinrich** und **Sully.**

Concini (durch die Mitte eintretend). Die Königin!
Henriette. Die Königin? Und welche Königin?
Concini. Marie, des Königs Gattin.
Henriette. Gattin? — Geister
  Des Himmels und der Erde, schützet mich
  Vor Wahnsinn!
  (Während Marie, gefolgt von Galigai und andern Hofdamen, eintritt.)
  Vater! O — hinweg! hinweg!
(Den Blick bei den letzten Worten haßerfüllt auf die Königin richtend und dann vor ihr zurückbebend links ab; Entragues folgt ihr.)
Marie (die erstaunt und betroffen den sich Entfernenden nachsah).
  Wer ist die Kühne, die es wagen darf,
  Der Herrin Frankreichs also zu begegnen?

Leonore. Das Fräulein von Entragues.
Marie. Henriette?
Noch heute soll mein Gatte sie verbannen.
Concini. Der König hat dazu die Macht nicht.
Marie. Concini, wie?
Concini. Ich mein', dem König fehlt
Der Muth, ihm fehlt vielleicht sogar der Wille,
Denn dieses Fräulein —
Marie. Dieses Fräulein? Nun?
Was zögerst Du?
Concini. Dies kühne Fräulein hat
Von Ihrem Gatten noch ein Ehrversprechen
Verbrieft in Händen, das vielleicht jetzt beide —
Leonore (welche während dieser Scene im Hintergrunde bei dem Gefolge verweilte, tritt, rasch einfallend, vor).
Der König kommt!
Marie. O Gott!
Heinrich (arglos und heiter mit Sully eintretend). Du bist voran
Geeilt, Marie, indeß ich draußen noch
Im Lager Manches ordnete und prüfte.
Die Staatsgeschäfte — (Zu Concini, der bei Ablegung des Hutes und Mantels ihn bedienen will) Lassen Sie, Concini!
Ich brauche Ihre Kammerdienste nicht.
(Er legt Hut und Mantel auf einen Tisch und fährt, während er seine Handschuhe auszieht und sein Schwert losschnallt, fort.)
Die Staatsgeschäfte sind für heut beendet.
Ich bleib' den ganzen Tag und hoffe froh
Mit Dir ihn zu genießen.
(Er legt Schwert und Handschuhe auf den Tisch und nähert sich der Königin, welche mit abgewendetem Gesicht gegen die Seite tritt.)
Aber was
Ist dies, Marie? Du wendest Dich hinweg?
Du hast für Deinen Gatten keinen Blick?
Marie (ohne sich umzusehen).
Zur Unzeit hat der König uns gestört.
Heinrich. Zur Unzeit? Hört' ich recht? Zur Unzeit kann
Ich Muße finden, ganz für Dich zu leben?
Marie, das war nicht meines Weibes Stimme!
Marie. Ich will allein mit meinen Freunden sein. —
Concini, Galigai, kommt!
Heinrich (ihre Hand fassend). Bleib' hier!
Erkläre Dich!
Marie. Es ist wohl heldenmüthig,
Ein schwaches Weib gewaltsam aufzuhalten?
Heinrich (läßt ihre Hand schnell wieder los).
Du weißt, ich kann nur Eines nicht ertragen:
Den Mangel an Vertraun und Freundlichkeit.
Marie. Und ich ertrag' nicht, daß man beide heuchelt.
(Rechts ab mit Concini, Galigai und Gefolge.)
Heinrich. Bleib'! Ich beschwöre Dich, Marie! — Sie ging
Mit einem finstern Blick im Scheiden,

Der tief mich schauen ließ in ihre Seele.
O alle Medicäertöchter sind
Sich ähnlich — alle natternartig, kalt
Und giftig. Weh mir, daß zum Zweitenmal
Ich mit dem Haß vermählt bin!

Fünfte Scene.

Heinrich. Sully. Henriette. Später **Concini** und **Marie.**
Zuletzt **Vitry.**

Henriette (von der linken Seite eintretend).   Dort kein Ausgang.
Wär' ich doch fort aus diesen Räumen!
(Da sie gegen den Hintergrund schreiten will, erblickt sie den König und bebt zurück.)
Er?

Heinrich (sie ebenfalls erst jetzt sehend).
Henriette!

Henriette.   O hinweg! hinweg!

Heinrich (ihre Hand ergreifend).
Entfliehe nicht! Dich führt Dein guter Engel
Gerad' in diesem Augenblicke mir
Entgegen.

Henriette.   Laß, o laß mich! Du nicht bist
Es, den ich suche; Du nicht, dessen Nähe
Ich jetzt noch kann willkommen heißen.
(Concini öffnet die Thüre rechts, zieht sich jedoch bald wieder zurück; die Thüre bleibt offen und Marie, von Heinrich nicht bemerkt, erscheint unter derselben.)

Heinrich. Beim höchsten Gott sei, Henriette, Dir
Geschworen, daß Du bald es können sollst.

Henriette (wendet sich, auf die eben eintretende Marie zeigend, ab).
An mich nicht, dorthin richte Deine Schwüre!

Heinrich (sich gegen Marie umwendend).
Du wieder hier? Nun wohl, Du darfst nicht klagen,
Wenn Deines Trotzes Saat erblüht.

Marie.   Vortrefflich! —
Begann ein andrer Heinrich, seines Namens
Der Achte, Englands König, nicht auch so,
Bevor im Tower das blanke Beil des Henkers
Der Bote seines Herzens wurde?

Heinrich (im stärksten Ausbruch seines Zorns, während Henriette, die durch die Mitte abgehen wollte, ohnmächtig niedersinkt).   Weib!
(Sich mit Würde, doch nur mühsam mäßigend.)
Marie! Solch würdeloser Angriff riß
Der Freundschaft letzte Faser zwischen uns
Entzwei. Wohlan! Du selbst entschiedest über
Dein Schicksal. In Paris nimmt mein Palast
Dich auf, so wie es Frankreichs Königin
Geziemt; doch bleiben Deines Königs nahe
Gemächer Dir verschlossen, und allein

    Mit Deinen Dienern weilst Du, reich an Gold
    Und eitlem Glanze, eine Wittwe schon
    Bei Lebzeit Deines Gatten.

Marie.   Während Du
    In ihren Armen schwärmen könntest? — Ja,
    Ich wende meine Schritte nach Paris,
    Doch nicht um dort in Einsamkeit zu klagen!
    Bei Frankreichs Parlamente such' ich Schutz.

Heinrich. Weh Der, die aus der stillen Häuslichkeit
    Des Aufruhrs zügellose Fackel könnte
    Auf Millionen Unterthanen schleudern!

Marie. Die Folgen auf des Freylers Haupt! Weh also
    Dir selbst! (Rechts ab.)

Heinrich (zu Sully). O Sully, hätt' ich früher Dich
    Gehört! (Henriette erblickend.)
        Allgütiger, auch sie noch hier,
    Gleich einer Rose, die der Sturm gebrochen!

Henriette (aus ihrer Ohnmacht erwachend und umherstarrend).
    Wo bin ich?

Heinrich (sich ihr nahend). In der Nähe Deines Heinrich.
    (Zart ihre Hand fassend.)
    Sei stark! Verschmerz', was nicht zu ändern ist!

Henriette (sich erhebend).
    Was soll Dein Trost? der Leiden vollen Kelch
    Trank ich schon bis zur Neige aus, und will
    Nun gehn.

Heinrich.   Vorerst noch eine Bitte!

Henriette.   Welche?

Heinrich. Du hast ein Document von mir noch. Gib
    In meine Hände es zurück!

Henriette.   Wozu?

Heinrich. Du fragst und sahst was eben hier geschah?

Henriette. Weil ich, was eben hier geschehen, sah,
    Drum eben muß ich scheiden.

Heinrich.   Wie? Du weichst
    Dem Sinne meiner Rede aus?

Henriette.   Um Dir
    Nicht abzuschlagen, was von mir Du nicht
    Zu fordern hast.

Heinrich.   Du trotzest?

Henriette.   Um zu trotzen,
    Bin ich zu elend.

Heinrich.   Wähnest Du im Ernst,
    Der König bettle?

Henriette (sich von ihm wegwendend). Er verlange nur,
    Was ihm gehört, dann braucht er nicht zu betteln.

Heinrich. So also denkst Du? Nun — so banne, Sully,
    Denn des Geschickes schlangenartige
    Umarmung! (Links ab.)

Sully. In des Königs Namen —
Henriette (einfallend). Was er mir
Zu sagen hat, das meld' er selbst!
Sully (mit launiger Ruhe).
Hoho, mein Fräulein! Wenn Sie diesen Ton
Anschlagen, küsse Ihnen ich die Hand
Und thue meine Pflicht.
(Da er sich umwendet, tritt durch die Mitte Vitry ein.)
Sie kommen just
Im rechten Augenblick, Herr Kapitän!
Am nächsten Morgen reist der König ab.
Vitry. Wohin so eilig?
Sully. Nach Paris. Hier sind
Wir überflüssig. Mit Savoyen ist
Der Friede abgeschlossen, und es ruft
Die Pflicht uns jetzt zurück in Frankreichs Hauptstadt.
Die Königin schließt sich dem Zuge an,
Drum soll auch ihr Gefolge schnell sich rüsten.
Vitry. Das werde pünktlich ich bestellen. — Kommt
Das Fräulein von Entragues auch in Rechnung?
Sully. Gehört nicht zum Gefolg des Königs.
(Vitry durch die Mitte, Sully rechts ab.)

Sechste Scene.

Henriette allein.

Henriette. Daß meine Hand des Himmels Donner fassen
Und auf Dein kaltes Haupt ihn schleudern könnte!
Herzloser, übermüthiger Barbar,
Der giftigen Hohn hinzischelt auf die treulos
Verlaßne! Mir Verachtung? Weshalb mir?
Nur weil ich vor der Welt nicht scheine, was
In Wirklichkeit ich bin, erkühnst Du Dich,
Mich wegzustoßen wie ein Nichts! So zeigst
Du selbst den Weg, den einzigen, mir an,
Den Euer Wortbruch nicht verrammelt. Reißt
Entzwei denn, meines Herzens zarte Saiten!
Entfliehe, träger Liebesgram! Und du,
Der Hoheit stolzes Selbstgefühl, zieh' ein
In meine Seele! Bäumt doch selbst der Wurm,
Den man mit Füßen tritt, in seinem Schmerz
Empor sich von der Erde! und ein Weib
Ertrüg' das Aergste in Geduld? Nein, nein!
Ins Nichts versinke, wer den Schein nur trägt!
Des Landes Königin, die wahre, die
Bin ich, und will als solche fortan auch
Erkannt mich sehn. (Pause). Doch wie? Schafft jene Schrift
Mir Kräfte? Kann Buchstaben ich in Heere
Verwandeln, meine Stellung zu ertrotzen?

Warum, o Himmel, schufest Du das Weib
So schwach, daß es im Zorn nur Armuthszeichen
Der Ohnmacht, nur beredte Thränen findet?
Nur Thränen! Sind sie wirklich kraftlos? Wie —
Steh' ich allein im Streite gegen Lug
Und Täuschung? Sprach nicht einst mein Vater,
Daß bald ein Bund der Rache uns vereine?
Ja Rache, Rache für des Hauses schwer
Verletzte Ehre! Rache durch des Vaters
Versprochnen Beistand! Zittre, frecher Höfling!
Gepaart mit Frauenlist führt Manneskraft
Den Kampf für die verhöhnte Frauenwürde,
Und schmettert Dich sammt Deinem Troß zusammen,
Ging' eine Welt auch drüber auf in Flammen.
(Rasch durch die Mitte ab.)

Siebente Scene.

Marie und **Sully**, beide von der rechten Seite kommend.

Gegen den Schluß der Scene füllt sich der Festsaal in der Tiefe mit Gästen, unter welchen man den spanischen Gesandten Don Toledo, den Marquis von Entragues, den Kanzler Villeroi und Jacques Lafin bemerkt.

Sully. Vergebens, hohe Königin, ist hier Ihr Sträuben.
Es darf der Streit nicht offenkundig werden,
Und mit dem König ziehen in Paris
Sie ein.
Marie. In diesem Punkte weich' ich Eurer
Gewalt. — Und was soll weiter noch geschehn?
Sully. So weit mein Auftrag von dem König kam,
Bin ich zu Ende.
Marie. Doch nicht ganz zu Ende?
Sully. Nicht ganz. Von dieses Zwiespalts Anlaß kommt
So viel auf Ihre als des Königs Rechnung.
(Da Marie, welche mit abgewendetem Gesichte bastand, ihr Auge zürnend auf ihn richtet.)
Verzeihn Sie meine Offenheit! Der König
War Ihnen herzlich gut, eh Sie, gereizt
Durch Ihren Schreiber, schwer ihn kränkten.
Marie. Sie meinen: weil ich eifersüchtig bin,
Erhielt mein Herr Gemahl das Recht, von mir
Sich zürnend wegzukehren? Herr Minister,
Ich bin in meiner zweiten Heimath fremd,
Fremd klingt mir dieses Landes Sprache, fremd
Sind mir die Unterthanen, fremd ist mir
Der eigne Gatte! Wissen Sie, was dies
Im Herzen eines Weibes heißt? Ihr Männer
Seid überall zu Hause, Euch gehört
Die ganze Welt. Doch uns, den Frauen, was
Blieb uns? Vier Wände für das Glück der Ehe,
Und Thränen für ein liebeleeres Leben —

| | Nur Thränen, die wir mit gebrochnem Herzen
| | Oft mühsam unter äußerm Trotz verbergen,
| | Damit der Männer Spott sie nicht entweihe.
| Sully. | Das ist der Weg nicht zu des Königs Herzen.
| | Betrachten Sie ihn, wie er ist und wie
| | Erziehung ihn und Schicksal hat gebildet!
| | Erwachsen an dem Hofe Katharina's,
| | Der Medicäerin, die mit den Netzen
| | Verderbter Mädchen die Parteien unsers
| | Entzweiten Frankreichs überwachte, lernte
| | Schon frühe er der Schönheit huldigen.
| | Die schlaue, tugendarme Margaretha
| | War seine erste Gattin, ihm durch List
| | Vermählt in jener Bartholomäusnacht,
| | Die vor sein Brautbett einen Leichenwall
| | Von hunderttausend theuern Freunden thürmte.
| | Wie? Mußt' er solch' ein Weib, befleckt vom Mord,
| | Vom grauenvollsten, den die Weltgeschichte
| | Je hat gesehn, nicht hassen und verachten?
| | So war Gewohnheit bei ihm schon Natur
| | Geworden, als S i e bräutlich sich ihm nahten.
| | Madame, was thaten Sie, ihn zu gewinnen?
| | Sah je er in Ihr Innres? Sah er je
| | Dies zarte Herz, wie Sie es eben mir
| | Enthüllt?

(Marie sinkt auf ein Sopha und stützt das Haupt gramvoll auf ihre Hand; Sully nähert sich ihr.)

Verbergen Sie die Thränen nicht!
Nein, zeigen Sie ihm solch ein zartes Bild,
Dies Bildniß Ihrer echten Weiblichkeit!
Sie machen von der unglückseligsten
Dadurch sich bald zur glücklichsten Gemahlin,
Und Ihnen wird, was Sie entbehren: L i e b e,
Die Liebe eines großen Herzens, das
Auch I h r e r Gegenliebe würdig ist.

| Marie. | Was kann ich thun?
| Sully. | Mit Worten Nichts,
| | Doch viel durch eine That. Entlassen Sie
| | Den Ränkestifter dieses Hofs, Concini!
| Marie. | Den Freund, den sichern, soll ich treulos opfern
| | Für ungewisse Gegenschenkung?
| | Nimmermehr!
| | (Aufstehend).
| Sully. | Es hängt an diesem Augenblick Ihr Schicksal!
| Marie. | Und was wird mir für die erlittne Kränkung?
| Sully. | Vergessen des Durchlebten ist das Mittel,
| | Der schönern Zukunft froh sich zu versichern.
| Marie. | Vergessen soll ich, daß er mich verstieß
| | Und vor der Diebin unsers Friedens kniete? —
| | Herr Staatsminister, was vor der Geliebten
| | Er that, ziert besser ihn vor seiner Gattin.
| | Zu meinen Füßen suche er Verzeihung.

Sully. Madame, verlangen Sie vom größten Herrscher
Europa's nicht den Fußfall eines Sünders!
Marie. Ich nur soll büßen, nicht auch er? Genug!
Sie sind in seinem Solde, sind bestochen!
(Unterdeß hat sich in der Tiefe der Festsaal mit Gästen angefüllt und die Musik, welche jetzt dort beginnt, ist schwach hörbar.)
Was wollen diese heitern Klänge hier
Im düstern Haus des Streites und der Schrecken?
Sully. Es ist der Schluß von Ihrem Hochzeitsfest,
Das durch den Gang nach Montemelian
Zu plötzlich abgebrochen ward.
Marie. Schon Wittwe,
Noch eh die Blätter an dem Brautkranz welkten!
Sully. Das sind Sie nicht, wenn meinem Rathe folgend
Sie Theil am Fest, an der Versöhnung nehmen.
Marie. An der Versöhnung? Mögt Ihr nach Paris
Mich als Gefangene ins Louvre schleppen, —
Ich duld' es und mein Mund verstummt für Klagen.
Nur Eines hoffet nicht! Nie will mit Heinrich —
Nie mehr ich eine Freude theilen, nie
Mit ihm die Luft desselben Saales athmen!
Und wären selbst die schönen kurzen Stunden,
Da sein ich w a r, gesegnet von dem Himmel, —
Er sollte dennoch, eh er mir zu Füßen
Verzeihung sich erwirkt und Sühne bot,
Am Anblick seines eignen Kindes nie
Sich dürfen freun.
(Rasch durch die zweite Thür rechts ab.)
Sully (ihr nachsehend). Da stürzt die Rasende
Hinaus und unter ihrer Füße Tritt
Begräbt sie Bourbons liebliche Penaten! —
O Mensch, was bist du, wenn die Leidenschaft
Den Sieg errungen über die Vernunft!
(Er geht zurück in den Festsaal, wo sich mehrere Ritter um ihn drängen, während auf der linken Seite Toledo, Entragues und Villeroi mit einigen Cavalieren vortreten.)

Achte Scene.

Toledo. Entragues. Villeroi und mehrere Cavaliere.
Später Lafin.

Toledo. Ein seltsam Treiben — Ballnacht heut, so glänzend,
Wie selbst zur Zeit der Valois in Frankreich
Man sie nicht sah! Und dennoch, — scheint mir, — hat
Der König keinen Grund zu Festgelagen.
Villeroi. Die Ballnacht ist der Königin zu Ehren.
Entragues. So sagt man.
Toledo. Sagt man so? Sie wissen nicht,
Wie ihre Herrlichkeit nach kurzen Freuden
Sich endete?
Entragues. Ich hab' davon kein Wort
Gehört.

Villeroi. Auch ich nicht.
Toledo (gegen Villeroi). Dann entschuldigt! Ich
Mag nicht der Erste sein, der derlei Dinge,
Die man geheim will halten, ruchbar macht.
Villeroi. Ei, Don Toledo, trauen Sie uns nicht?
Toledo. Sie hören die Geschichte wohl von Andern!
Gar Viele kennen schon das jüngste Probstück
Von der gerühmten Güte Euers Heinrich.
(Villeroi kehrt ihm unwillig den Rücken zu und spricht während des Folgenden still mit den Cavalieren; Toledo wendet sich gegen Entragues und zieht ihn mehr in den Vordergrund.)
Doch Ihnen sei ganz im Vertraun bedeutet:
Madrid hält noch an alter Zucht und Ordnung!
An einem andern Orte sprechen wir
Uns weiter, denn ich hoff': wir bleiben Freunde.
Entragues. Gewiß. — Was sagen Sie zu Birons Lage?
Toledo. Was wär' darüber viel zu sagen! Biron
Hat Muth, doch keine List. Ich gebe ihn
Verloren. Halten Sie zu Bouillon! Mehr
Ein andermal! Wir werden hier belauscht.
(Er geht in den Festsaal zurück und verschwindet dort unter den Gästen.)
Villeroi (der sich langsam wieder genähert).
Toledo, scheint's, sprach über ernste Dinge?
Entragues. Nichts von Bedeutung, dennoch war's für mich
Genug, um klar draus zu ersehen, daß
Der Spanier ein feiner Schlaukopf ist.
Lasin (der, immer herumschlendernd, eben an den Zweien vorüberstreift).
Getroffen, just wie Jonas' Prophezeiung,
Der in dem Bauch des Fisches Gott erkannte.
Entragues. Geh Deiner Wege, Taugenichts!
Lasin. Das thue
Ich, denn ich nehme Theil am Henkermahl.
Villeroi. Der Kerl weiß mehr! — Was gibt es, Zwischenträger?
Lasin. Top! Top! wohledler Graf, Ihr ganzer Witz
Ging' Ihnen aus, verrieth' ich, was mir selbst —
Ein Räthsel blieb.
(Er kehrt ihm lachend den Rücken, sieht sich nochmal mit echtem Gaunerblick im Saale rings um, und verschwindet dann rasch durch eine Thüre links.)
Villeroi. Ein sonderbarer Gast!
Entragues. Ich fürchte: nicht blos sonderbar. Lasin,
Der eben in des Königs Cabinet
Verschwand, spielt falsch.
Villeroi. Was kümmert uns
Solch eine unbedeutende Figur! —
Gehn wir zurück zu schönerer Gesellschaft!
(Alle in den Festsaal ab.)

Neunte Scene.

Heinrich und **Lasin** treten, letzterer mit Schriften in den Händen, von der linken Seite ein. Bald nachher **Sully** durch die Mitte.

Heinrich (die Schriften, die Lasin ihm hinhält, nehmend und auf einen Tisch legend).
Schon gut, schon gut, Lasin! Mich rufen Pflichten,

Die bringender noch sind, als Birons Abfall. —
Für die Papiere kommen tausend Livres
Noch heut in Ihre Hand. Dann hält Sie nichts
Zurück in meiner Nähe.

Lafin (für sich). Tausend Livres!
Nicht mehr? Da heißt's: Lafin, such' neue Arbeit! (ab.)

Heinrich. Daß man die kleinen Schurken noch muß zahlen,
Um sich dem Netz der Großen zu entziehn!
(Zu dem eben eintretenden Sully.)
Ah Sully! Kennen Sie schon Englands Unglück?

Sully. Den Tod Elisabeth's?

Heinrich. Und die Erhebung
Jakobs zum König, der, ein Schwächling, leicht
Dem spanischen Trug erliegt.

Sully. Um dies zu hindern,
Muß ein Gesandter schnell nach London, Sire,
Noch eh die Trauerbotschaft in Madrid
Bekannt wird.

Heinrich. Drum bereiten Sie zur Reise
Sich vor!

Sully. Ich, Sire?

Heinrich. Zu wichtig ist die Sendung,
Zu schwer für jeden Andern.

Sully. Ich gehorche,
Und nehme Abschied, ohne Säumen mich
Zu rüsten.

Heinrich. Morgen, Sully! Heute
Bedarf ich Ihrer noch.

Sully. Zum Tanz doch nicht?
Der Ball kann ohne mich zu Ende gehen.

Heinrich. O nicht des Tanzes wegen lud ich Gäste,
Denn ging's nach meiner Neigung, schlief' ich lieber
Im Sarg. Was ward nicht Biron schon verziehen?
Und Alles nun vergebens! Wieder steht
Er an der Spitze der Verschwörung.

Sully. Gibt es
Beweise?

Heinrich (auf den Tisch zeigend). Birons eigene Verträge.

Sully. O Sire, ich dank' dafür dem Himmel. Endlich
Thut's noth, ein ernstliches Exempel aufzustellen.

Heinrich. Es widerstrebt die Härte meiner Neigung,
Wo noch ein milderer Ausweg offen steht.

Sully. Was wäre nicht versucht?

Heinrich. Gestrenge Drohung
Vor strengem Handeln. Gehn Sie zu d'Auvergne,
Ich werde mich an Biron halten. Bleibt
Auch nach der Drohung er verstockt, dann fällt
Sein Haupt. — Dort nah'n die Beiden. Gehn Sie!

(Sully geht dem eben durch die Säulenhalle eintretenden Biron und d'Auvergne entgegen, und entfernt sich im Gespräche mit Letzterm. Biron tritt vor. Die Vorhänge werden auf einen Wink Sully's vom Hoflakaien herabgelassen.)

Letzte Scene.

Heinrich. Biron. Gegen den Schluß **Vitry** und mehrere Leibgardisten.

Biron (macht gegen den König eine stumme Verbeugung und bleibt erwartend stehn).
Heinrich (nach einer Pause).
    Erinnern Sie sich noch der Unterredung,
    Die wir im Louvre hielten, eh ich Sie
    Als Feldherrn gegen den Savoyer sandte?
Biron. Sehr wohl, mein König! und ich hoffe, daß
    Mein Eifer Sie erfreut.
Heinrich.   Aufrichtig, Biron!
    Wie lauten Ihre neuesten Berichte
    Vom Grafen de Fuentes? Aus welchem Grund
    Erlagen Sie schon wieder Spaniens Ränken?
    Sie sehn aus diesen Fragen, daß Sie mich
    Nicht länger werden täuschen können.
Biron.   Sire,
    Die Schurken, die mich so gewissenlos
    Verläumden, will ich kennen lernen!
Heinrich.   Fordern
    Sie nicht, daß ich den Kläger Ihnen **stelle**!
    Ihm gegenüber müßt' ich **König sein**
    Und dürfte keine Schonung kennen.
Biron.   Sire, ich harre
    Auf die Begründung.
Heinrich.   Wollt' ich strafen, Biron,
    So braucht' ich Ihre Antwort nicht. Ich weiß
    Was Sie gethan. Ich kenne Ihr Versprechen,
    Bayonne, Narbonne, Marseille sammt Toulon,
    Die stärksten Festen Frankreichs, an den Spanier
    Zu liefern; weiß, was Sie und Graf d'Auvergne
    Mir in Paris und in Saint Flour bereiten!
    Sie **sind** entlarvt. Daß dennoch ich herab
    Mich ließ, mit Ihnen noch zu reden, dies,
    Herr Herzog, ist ein Wink zu Ihrer Rettung,
    Der eine andre Sprache wohl verdiente.
Biron (für sich).
    Das klingt nicht mehr wie leerer Argwohn.
Heinrich.   Biron,
    Sie waren stets, von meinen Freunden allen
    Der Einzige, ein Feind der Wissenschaft!
    Sie sind jetzt auch der Einzige, der mich
    Verrieth; und hierin liegt, so tief mich auch
    Ihr Fall erschüttert, doch ein großer Trost:
    Denn nicht der Segen göttlich schöner Kenntniß,
    Die rohe Macht nur scheidet sich mit Ihnen
    Von meines Lebens Ziele treulos aus!
    Und wie ein ernstes Warnungszeichen stehn
    Sie vor mir da, daß Ihr Verbrechen mich
    Nicht irre machen soll auf meiner Bahn.

In tiefer Menschenbrust erforschte ich
Die Stütze meines Bau's, und sichrer, als
Vor mir im rauhen Harnisch von Metall
Ein Herrscher je gewesen, wird die Liebe
Des Volkes mitten durch der Zeiten Sturm
Mich auf des Sieges schön're Auen tragen.
Doch des Gefallnen Schicksal jammert mich!
Einst konnt' ich Sie dem Volke zeigen: „Dieses
Ist Biron, der mir siegen half!" Da hob
Ich Sie empor zum höchsten Rang nach mir:
Sie wurden Herzog! Soll ich diese Würde
Nun mit des Henkers Schwerte taufen müssen?
Bedenken Sie, was ich gesprochen! Gern —
Gern möchte ich Sie schonen, wenn ich ohne
Gefahr für Frankreich Sie noch schonen darf.
Was Sie Verbrecherisches auch erdacht,
Und hätten Sie sogar den Königsmord
Beschlossen — wenn Sie Alles offen jetzt
Gestehn, sei Ihnen noch einmal verziehn!

Biron (für sich).
Er würde dies nicht bieten, hätte er
Bestimmte Nachricht.

Heinrich. Keine Antwort?
Biron. Sire,
Längst habe ich bemerkt, daß Viele mich
Um den elenden Herzogstitel, der
Ein Schein nur ist, beneiden und verläumden!
Mein Vetter Sully ließ mich überwachen.
Ich ahnte das und konnte leicht entfliehn;
Doch folgt' ich willig dem Trabanten Heinrichs,
Um meine Feinde alle zu zermalmen.

Heinrich (mit imponirender Majestät).
Kennen Sie Ihren König? Spricht man so
Mit mir? Noch eine solche Drohung, Herzog,
Und sie verschließt auf ewig Ihren Mund!
(Gemäßigter und unwillkürlich von seiner Herzlichkeit übermannt).
Besinnen Sie sich rasch auf beßre Antwort!
Sie haben eine Seite meines Herzens
Berührt, auf der ich nicht Heinrich der Gute
Mehr sein kann.

Biron (in Wuth). Die Verläumdung also siegt
Bei Ihnen? Sei's! Ich weiß mich selbst zu rächen.

Heinrich. Verläumdung? (Die Verträge vom Tische nehmend und ihm vorhaltend, mit seltsamen Gemisch von Wehmuth und plötzlicher Kälte.)
Wohl denn, Unrettbarer! Hier
die Zeugen!

Biron (zusammenbrechend). Weh mir — meine eignen
Verträge!

Heinrich. Ihre eignen. Ja, das Spiel ist aus

Jetzt — aus für immer! Fahren Sie denn wohl
Mit Ihrem Loos, Freiherr von Biron! (Rasch durch die
Mitte ab, im Abgehen den hinter dem Vorhang aufgestellten Wachen einen Wink gebend.)
Biron (außer sich, die Fäuste vor der Stirne ballend). **Lafin,**
Verrätherischer Schurke! (Dem König nacheilend.)
Majestät!
(Wachen versperren den Ausgang.)
Eine Stimme (unsichtbar.) Zurück!
Biron (auf ein Sopha niedertaumelnd). Gott, zu spät!
(Während Vitry mit den Garden eintritt, fällt der Vorhang.)

Dritter Act.

Eine Gasse in der Nähe des Louvre.

Nacht. Während der zweiten und dritten Scene Morgendämmerung, gegen Anfang der vierten Scene heller Tag.

Erste Scene.

Lafin tritt in vernachläßigter Kleidung auf.

Lafin (allein). Ein Jeder bringt an rohem Stoff sein Erbtheil
Bei der Geburt schon mit sich in die Welt.
Der Eine hat Talent zur Ehrlichkeit,
Der Andere zur Gaunerei, der Dritte
Zum Müßiggang, der Vierte zu der Arbeit.
Und so geht's weiter fort durch das Register
Von List und Tollheit, welches die Geschöpfe,
Die sich die Kinder Gottes nennen, schreiben.
Wer sein Talent ausbildet, heißt: Genie!
Drum, da der Müßiggang mir wohlbehagt,
Bin offenbar zum Gauner ich geboren.
Wenn aber diesen Kittel ich betrachte,
So sagt er mir, daß mein Genie noch schlummert! —
Pfui Heinrich, pfui! Nur tausend schlechte Livres
Für Birons Kopf! Das war ein Lumpenkauf,
Von dem ich kaum acht Tage konnte zechen;
Und schon beginnt der neunte Mondesrundlauf
Seit jenem Handel. Würden die Pariser
Nicht endlich ihren alten Ruhm bewähren,
So wär' ich ein verzweifelt armer Tropf! —
(Gepolter und wildes Geschrei hinter der Scene.)
Wie sie da drüben lärmen! wie aus Kisten
Und Steinen sie schon Festungen erbauen!
Warum? Ein Schlaukopf raunte: „Brüder, schlagt
Drauf los, denn Eure Schläge sind ein Zauber!"

Nun träumen sie nach ihrer Art von Freiheit,
Und prügeln sich gehorsamst todt — für Andre!
(Hinter der Scene steigender Lärm und die Rufe: „Hurrah!" „Schlagt drauf!"
„Mordet!" „Brennt!")
Heisa! Nur Alles drunter, Alles drüber —
Das ist mein Element! — Die Bestien,
Ich weiß das, sind vom stoischen Entragues
Und seiner liebetollen Henriette
Bezahlt, um Amors Karren aus dem Koth
Zu schieben! Gut, ich mach' für andern Zweck
Durch meinen Witz sie vollends toll, daß bald
Die angelegte Mine herrlich platzt,
Und jeder, den's wo juckt, den Staat bekratzt.
(Er tritt in den Hintergrund, dort mit einigen eben über die Bühne schlendernden
Bürgern verkehrend.) Renaudie, mit einem geschlossenen Tragkorb auf dem Rücken,
kommt aus der Tiefe rechts.)

Zweite Scene.

Lafin. Renaudie. Später **Charneau** und ein Trupp Gesindel.

Renaudie. Das ist ein Durcheinander in Paris!
Die Leute rennen auf und ab wie närrisch.
(Zu einem bewaffneten Bürger, der eben rasch über die Bühne geht.)
He! Sag' mir, guter Freund! He! nur ein Wort!
(Bürger ab.)
Auch der thut, ob er weder hör' noch sehe. —
(Mehr gegen den Vordergrund kommend.)
Wenn ich nur wüßte, wo ich eigentlich
Jetzt bin! Paris ist so entsetzlich groß.
Drei Stunden laufe ich schon kreuz und quer
Und links und rechts, und finde keinen Ausweg,
Und auch den Rückweg kann ich nicht mehr finden.
(Zu Lafin, der wieder vortritt.)
Wenn Ihr barmherzig sein wollt, Freund, so sagt
Mir, welche Straße führt zum Louvre?
Lafin (barsch). Keine,
Wenn Deine eignen Füße Dich dahin nicht
Tragen.
Renaudie. Fremder Herr, seid mir nicht böse,
Wenn ungeschickt die Frage ich gestellt!
Ich bin vom Lande. Spottet meiner nicht,
Und sagt: durch welche Straße muß ich gehn?
Lafin. Was willst im Louvre Du? Was hast Du dort
Zu suchen?
Renaudie. Unsern guten König Heinrich.
Lafin. Der hat nicht Zeit für alte Bauernweiber.
Renaudie. Seid Ihr Franzos und redet so vom König?
Wir draußen kennen ihn und ließen todt
Uns schlagen für den guten Herrn. Auch komme
Ich nicht allein, ich hab' Empfehlungen.
Lafin. Laß sehn!
Renaudie (ihre Last auf die Erde setzend). Schaut hier in diesen Korb, da sind sie!

Lafin (lachend). Vier Gänse und ein Dutzend junge Hühner!
Renaudie. 's ist gar nicht lächerlich, mein fremder Herr!
Denn eh der gute Heinrich uns regierte,
Gab's keine Gans in unserm Dorfe mehr,
Kein Huhn, kein Stroh, kein Brod und keine Häuser.
Wir liefen in dem Wald umher, daß Gott
Erbarm', so bloß wie abgeschorne Schafe.
Ja Herr, da ging der Teufel leibhaft um!
Und unser guter Heinrich hat ihn wieder
Gebannt. Das sagt auch Claud; und Claud, — das müßt
Ihr wissen Herr, — ist gar gescheidt —
Lafin (einfallend). Und wohl
Dein Mann?
Renaudie. Nein, Herr! nur Rinderhirt im Dorfe.
Und, Herr, wir haben wieder fette Rinder;
Auch schmuckes Federvieh. Am Werktag gibt's
Im Topfe Fleisch, am Sonntag gibt es Hühner.
Nun seht mir, Herr, das Landvolk hat ein Herz;
Und wenn es denkt, was war, und denkt, was jetzt ist,
Dann dreht vor Freude sich das Herz im Leib.
So, dachten wir denn, müßte es dem König
Wohl auch ergehen, säh' er unsern Dank. —
Schaut nochmal jetzt in meinem Korb! Wie schmuck
Und fett die kleinen Dinger sind! Die bringe
Ich an den Hof, und wenn der König sie
Erblickt, dann küß' ich seine Hand und trag' ihm
Die Rede vor, die mir der fromme Pater
Lerain gelehrt. Herr, 's ist 'ne schöne Rede!
Das muß den König freuen, lächelnd nimmt
Er wohl von mir die Gabe an; und wenn
Ich Alles dann in unserm Dorf erzähle,
So jubelt Jung und Alt: lang leb' der König!
(Gerührt ihr Auge auswischend.)
Entschuldigt! Auch das Glück hat seine Thränen;
Und kann ich meine Worte nicht wie Eure
Gelehrten setzen, weiß ich doch wohl besser,
Als Ihr in Euern Mauern, welch ein Elend
Der Krieg, und welche Wohlthat für das Landvolk
Der Friedenskönig ist.
(Sie stützt sich auf ihren Korb.)
Lafin (für sich). Eine gute Närrin!
(Charneau und ein Trupp Gesindel treten auf: Lafin geht ihnen entgegen.)
Halt, Charneau! Sagt, Ihr Freunde, habt Ihr Hunger?
Charneau. Wir sind so leer, wie alte Kirchenratten.
Lafin. Dort steht ein Bauernweib, das Ueberfluß
An Hühnern hat.
Renaudie (zu Lafin). Nun sagt mir, welche Straße
Führt in den Louvre?
Lafin. Meine Freunde zeigen
Dir gern den rechten Weg.

Charneau (zu Renaudie, die eben ihre Last wieder aufnehmen will).
                         Laß mir den Korb!
Du bist wohl müde und ich will ihn tragen.
Renaudie. Ihr seid zu gütig, doch ich nehme Euch
Beim Wort. (Sie hilft dem Charneau den Korb auf den Rücken schnallen.)
          Er ist nicht leicht, das fühlt mein Rücken.
Ich trug die Thiere schon sechs volle Stunden,
Und laß' mich gern ablösen.
Charneau.   So! — Geh nun
Voran! (Leise zu seinen Kameraden.)
              Verlaßt sie, wo es Euch beliebt!
Wir treffen uns in unsrer Höhle wieder.
Renaudie (wendet sich, schon an der Coulisse angekommen, nochmal zurück.)
Tragt ja, ich bitte schön, die zarten Thierchen
Recht sorgsam, daß sie hübsch und munter bleiben!
Charneau. Wie meine eignen Kinder, Mütterchen.
Nur frisch voran!
Renaudie.   Ihr sprecht fast artiger
Als unser Claud. Viel Dank! Besucht am Sonntag
Mit Euern Kindern mich im Dorf! 's ist Ernte,
Da gibt es süßes Naschwerk und Gebäck.
Ihr schlagt mir's doch nicht ab?
Charneau.   Gewiß nicht, Mütterchen.
Nur frisch voran!
Renaudie.   Ja kommt jetzt, kommt! Kann ich's
Doch kaum erwarten, wie der gute König
Sich freuen wird an meinen schmucken Hühnern!
(Sie geht mit den Vagabunden rechts ab; Charneau mit dem Korb folgt ihr ein paar Schritte, macht dann plötzlich eine Schwenkung und verschwindet rasch durch die Straße links.)
Lafin (der Renaudie nachsehend, nachdem beide abgegangen sind).
Die Einfalt merkt nicht, daß man sie bestohlen!

Dritte Scene.

Lafin. Franz Ravaillac, Tonay und mehrere Vagabunden treten durch die Mitte ein.

Ravaillac (verbissen).
Da schaut hinüber! Ruft mit: Hurrah! Ihr
Gehört ja wohl zur Sippe.
Tonay (lachend zu den Vagabunden).   Der ist heut
Im Zug. Paßt auf!
Ravaillac.   Ein wahres Babylon!
Hab's ja voraus gesagt: Eins zeugt das Andre, —
Freigeisterei von Oben, Wühlerei
Nach Unten! Recht so, immer zu! das Maß
Ist voll und bald krepiren Alle.
Lafin (ihm auf die Schulter klopfend).
Ei Du gefällst mir!
Ravaillac (wendet sich gegen Lafin und kehrt ihm dann verächtlich den Rücken).
                Du mir nicht.

Lasin. Schlag ein!
Wir müssen Freunde werden.
Ravaillac. Fahr' zur Hölle!
Der Teufel recrutirt so eben frisch
Aus Christenschändern sich den künftigen Hofstaat.
Da ist Dein Platz.
(Gegen die übrigen Vagabunden).
Und auch der Eure! Laßt
Vom Henker Euch kutschiren, alle! alle!
Ihr Galgenstricke! (Rechts ab.)
Lasin (zu Tonay.) Kennst Du diesen Kerl?
Tonay. Ei wohl, das ist ein eigner Kauz, hat viel
Im Leben durchgemacht und blieb, wie wir,
Ein armer Schlucker. Er scheint hoch gelahrt
Zu sein und kann euch in den Sternen lesen.
Lasin. Wie heißt er?
Tonay. Franz Ravaillac.
Lasin. Und wo wohnt er?
Charneau. Rue Sainte Madelaine.
Lasin (für sich, ihm nachsehend). Ravaillac, Rue
Sainte Madelaine! — Magnetisch zieht mich's an,
Als hätt' ich mit ihm Großes zu vollführen.
(Nach der entgegengesetzten Seite schauend).
Dort Bürger schon bewaffnet? Auf die Lauer!
Jetzt gilt es, meinen Meisterstreich zu machen.

Vierte Scene.

Die Vorigen ohne Ravaillac. **Renieur, Goffroi** und mehrere
Bürger kommen sehr erregt von der linken Seite.

Renieur. Procente auf fremde Waaren? Unerhört!
Goffroi. Wir dürfen es uns nicht gefallen lassen.
Renieur. Gefallen lassen? Schwatzt nicht wie ein Kind!
Wir Alle ziehn bewaffnet in den Louvre.
Lasin. Was könnt Ihr machen ohne Oberhaupt?
Ihr nahmt es ruhig hin, daß Biron fiel!
Der war noch Eure Stütze, feiges Volk.
Nie dürfte Heinrich solche Schritte wagen,
Wenn Feldherr Biron nicht im Grabe schliefe.
Goffroi. Was? Biron todt?
Lasin. In scheuer Kerkernacht
Geköpft von Henkershand.
Goffroi. Vom Freunde nicht
Begnadigt?
Renieur. Heimlich hingerichtet?
Goffroi. Heimlich?
Das wär' gerecht?
Lasin. O Ihr Pariser,
Muß Euch ein Fremder sagen, wie man Euch
Erbärmlich führt am Narrenseile? Was?

Gerechtigkeit erwartet Ihr von Heinrich?
Ward nicht d'Auvergne der gleichen That wie Biron
Beschuldigt? Wißt Ihr, wie man jenen strafte?
Der König ließ ihn frei und überhäufte
Mit neuen Gnaden ihn, indeß das Blut
Des Freundes Biron floß! Und weßhalb that er's?
Kommt näher! Laßt's Euch in die Ohren flüstern!
Des Herzogs Biron größte Schuld war: daß
Er keine schöne Schwester hatte! — Sagt, warum
Ging Sully an den Hof von England? Merkt
Es wohl: das christliche Paris besitzt
Am ketzerischen Hofe Jakobs einen
Gesandten von der Hugenotten=Secte!
Und glaubt Ihr, dieses sei nur leerer Zufall?

Renieur. Daran hat keiner von uns noch gedacht.
(Zur Umgebung.)
Der weiß Bescheid. Merkt Alle auf sein Wort!

Lafin. Ihr merkt Euch doch nichts, weil Ihr niemals denkt!
Sonst müßte man Euch an den achten Heinrich
Von England nicht erinnern.

Goffroi.   Diesen kennen
Wir nicht. Erzählt von ihm!

Lafin.   Gott hab' ihn selig!
Er kam längst in der Hölle glücklich an. —
Stellt Euch in einen Halbkreis, daß Ihr Alle
Mich hört! Heinrich der Achte hatte eine
Geliebte, just wie unser Heinrich; auch
War nebenbei, wie unser Heinrich, er
Vermählt. Die Weiber konnten sich natürlich
Nicht gut vertragen. Täglich gab es Streit,
Heut wegen der Geliebten, morgen wegen
Der Gattin. Heinrich, dessen überdrüssig —
Hört, was er that! Er sendete sein Weib,
Die Königin, ins Elend, ließ sich trau'n
Mit seiner Dirne. Als ihn von der Schmach
Der Papst nicht absolviren wollte, nahm
Er bei den Ketzern Unterricht. Das Beispiel
Des Königs wirkte, dem verderbten Hof
Gefiel die neue Zügellosigkeit,
Das Gift drang weiter und so konnten endlich
Die guten Bürger es nicht hindern, daß
Ihr König mit Gewalt von Rom sich trennte.
Versteht Ihr? Gott verzeih' mir's: eine Dirne
Hat England losgerissen von der Kirche.

Goffroi. Beweist, daß unser König ebenso
Uns von der Väter Glauben will entfernen!

Lafin. Beweise brauchst Du, Strohhirn? Liegen nicht
Sie offen da? Warum ein Bund mit Jakob
Und nicht mit Philipp? Sagt mir das! Ihr schweigt.
Warum denn Sully, ein Erzhugenotte,

Des Königs rechte Hand in allen Händeln?
Warum das schmähliche Edict von Nantes?
Seit wann denn sind Gesetze in der Ordnung
Zum Schutz der Ketzereien? Pfiffig war's
Erdacht: Zuerst spricht er die Ketzer frei,
Damit er straflos wieder selbst ein Ketzer
Kann werden.

Renieur (zu seiner Umgebung). Daß wir dies erst jetzt erfahren!
Goffrot. Ich hörte das Edict von Nantes als schönsten
Beweis von Heinrichs Menschenliebe rühmen.
Lafin. Von seiner Menschenliebe? O Du Langohr!
Heinrich der Gute thut Niemanden etwas
Zu Liebe, als den schönen Frau'n und Mädchen.
Was hat von ihm der Adel? Zog er nicht
Die reichen Pächtereien an den Staatsschatz?
Was habt Ihr? Wo ist Eure Steuerfreiheit?
Renieur. Ihr Bürger, zu den Waffen!
Mehrere. Zu den Waffen!
Lafin (an die rechte Seite zurückweichend, für sich).
Nun wird es ernst und ich bin überflüssig.
Verschiedene Stimmen (durcheinander).
Zum Louvre! — Steuerfreiheit! — Freiheit Aller!
Freiheit des Glaubens! Heisa, hurrah, hurrah!
(Alle links ab, bis auf)
Lafin (allein). Vortrefflich! Diese Einfaltspinsel schlagen
Den Tact zum Lied der stolzen Henriette
Und ihrer händelsüchtigen Sippschaft ganz
Vortrefflich. — Gute Nacht nun, Hirtenkönig!
Toledo's Dank für Deiner Liebschaft Nachspiel
Läßt mich vergessen, daß Du Birons Kopf
Zu wohlfeil kauftest. Gute Nacht! gut Nacht!
Dein Pöbel kollert und Dein Teufel lacht.
(Rechts ab).

Verwandlung.

Großer Saal im Louvre.

Im Hintergrund ein Säulenportal, welches die Aussicht in eine Vorhalle gewährt.
Rechts und links Thüren. Rechts ein Sopha und ein Tischchen.

Fünfte Scene.

Epernon, Bellievre und **La Riviere** treten von der rechten Seite rasch ein; bald nachher König **Heinrich** von der rechten, zuletzt **Villeroi** ebenfalls von der rechten Seite.

La Riviere. Der Pöbel stürmt das Hofthor. Meuterei!
Epernon (in die Scene links rufend).
Man pflanze rasch Kanonen auf, den Frevlern
Verdienten Tod zu senden.

Heinrich (im Vordergrunde rechts erscheinend).
                                        Bleibt! Es folge
Mir Niemand nach! Laßt Eure Waffen ruhn!
Allein und unbewehrt will ich, der Vater,
Des Hauses Kinder sprechen, die, bethört,
Rebellen wurden. (Durch das Säulenportal ab).
Epernon (mit Bellievre und La Riviere unter das Portal tretend).
                                Welch Wagniß!
Villeroi.   Dieser Held
Hat Kühnres schon vollbracht. Beruhigt Euch,
Ihr Freunde! Noch ist keine Zeit zur Klage.
Epernon. Schon tritt er aus dem Hofthor.
Bellievre.   Die Rebellen
Bemerken ihn.
Epernon.   Sie machen ehrfurchtsvoll
Ihm Platz; ein Haufe schwenkt die Mützen.
La Riviere.   Horcht!
Er spricht zu ihnen; ruhig hören sie
Auf seine Worte.
Villeroi.   Sagt' ich's nicht vorher?
Das wird ein Sieg, des großen Béarners würdig.
                  (Er gesellt sich zu ihnen unter das Portal).
Bellievre. Jetzt hör' ich wildes Jauchzen —
La Riviere.   Seht doch, seht!
Sie tragen schon ihn hoch auf ihren Schultern,
Den Helden jubelnd allem Volk zu zeigen.
(Bellievre, Epernon und Villeroi treten während des Folgenden aus dem Säulenportale heraus und nähern sich allmählig dem Vordergrunde; La Riviere bleibt beobachtend in der Tiefe zurück.)

Bellievre. Erbärmlich Ding, gleich einer Wetterfahne!
Und für solch eine Sippschaft läßt er sich
Durch Herrn von Sully täglich mehr begeistern!
Epernon. Ei Bellievre, Ihnen kehrte Sully,
Der jüngst mit ernster Botschaft sich nach London
Begeben, wohl zu früh zurück?
Bellievre.   Wie? Sully
Schon wieder hier? Was bringt er?
Epernon.   Englands Freundschaft.
Ihr staunt! was würdet Ihr erst sagen, falls
Ihr Dinge noch erlebtet, gegen welche
Vollbrachte Thaten wie ein Nichts verschwänden?
Bellievre. Der Herzog Epernon war früher, dünkt
Mir, nicht so wortgewandt, wenn's galt, den Ruhm
Des rasch empor geschnellten Sterns von Bourbon
Zu preisen.
Epernon.   Nein! ich war, wie Sie, im Irrthum.
Die Mähr von Béarn wird nächstens Wirklichkeit,
Bellievre. Die Mähr von Béarn?
Villeroi.   Was wäre das?
Epernon.   Ihr kennt
Die Mähr von Béarn nicht?

Bellievre. Nein.
Epernon. So hört! Die Béarn,
Das Stammland unsers Königs, führt im Wappen
Zwei Kühe. Dies gab Anlaß, daß einst Heinrichs
Großmutter, die Prinzessin Margreth, Gattin
Des weisen Königs d'Albert von Navarra,
Von Spanien „Kuh von Béarn", und ihre Tochter
Johanna „Schaf von Béarn" gescholten ward.
Bellievre. Das duldete Navarra's weiser König, ihr
Gemahl und Vater?
Epernon. Eben weil er weise war,
Befolgte er den klugen Spruch: „Kommt Zeit,
Kommt Rath." Sobald Johanna groß geworden,
Vermählte er sie mit dem Prinzen Anton
Von Bourbon.
Villeroi. Und gewann dadurch für sein
Geschlecht das Erbrecht auf die Krone Frankreichs.
Epernon. Ganz recht. Aus dieser Eh' stammt unser König.
Als er zur Welt kam, nahm Großvater d'Albert,
Des Hauses langer Ohnmacht denkend, ihn
Der Mutter mit den Worten ab: „Da seht,
Mein Lamm beschenkte mich mit einem Löwen!"
Bellievre. Daher der Name: „Löwe von Béarn"?
Epernon. Nicht ganz. Er ist entlehnt vom alten Märchen.
Villeroi. Dies Märchen? Nun?
Epernon. Es ist so kurz, als klar.
Seit grauen Tagen schon besitzt Navarra
Die Sage: einst werde aus den Schluchten Béarns
Ein Leu erstehen, der die größte Schmach
Der Menschheit rächen und der Welt —
La Riviere (aus dem Hintergrunde einfallend). Der König!
Epernon (gegen Villeroi und Bellievre).
So kommt in jenen Saal! dort mehr davon!
(Epernon, Villeroi und Bellievre rechts, La Riviere links ab.)

Sechste Scene.

Heinrich. Herzog **Christian von Anhalt** und mehrere Würdenträger.

Heinrich (unter dem Säulenportale zu den ihn begleitenden Würdenträgern).
Empfanget meinen Dank, Ihr Herrn! Vertraun
Am rechten Orte, seht Ihr, wirkt oft mehr
Als Strenge. Nochmal: Dank für Eure Wünsche!
Die Würdenträger verbeugen sich und gehen in der Tiefe ab; Heinrich zum Herzog von
Anhalt.
Was gibt's im deutschen Reiche, Fürst von Anhalt?
Anhalt. Sire, wilden Glaubenshader.
Heinrich. Muth und kurze
Geduld! Die Zeit der Hilfe ist nicht fern. —
Wie geht's dem Herzog von der Mark und Cleve?
Anhalt. Der greise Fürst liegt in den letzten Zügen.

Heinrich. Berichtet mir's, sobald er starb!
(Der Herzog von Anhalt verbeugt sich und geht durch die Mitte ab, während Sully im Vordergrund von der Seite eintritt.)

Siebente Scene.

Heinrich. Sully. Später der Page.

Heinrich (vortretend). Ah, Sully!
Wie steht's im Arsenale? Geht die Arbeit
Rasch vorwärts?

Sully. Sire, bis jetzt sind siebenhundert
Kanonen schon gegossen.

Heinrich. Die Kriegskasse?

Sully. Besitzt nah dreißig Millionen baar.

Heinrich. Sie schufen Quellen, die uns Früchte tragen.

Sully. Die Früchte kränkeln, wenn das Volk —

Heinrich (einfallend). Das Volk?
Was ist's mit dem?

Sully. Der Aufstand, den Sie eben
Kühn niederwarfen, gibt zu ernstlichen
Bedenken Raum.

Heinrich. Er war gemacht.

Sully. Und ist
Gescheitert. Wohl! Die Führer aber sinnen
Auf neue Pläne.

Heinrich. Kennen Sie die Führer?

Sully (eine Schrift hervorziehend und dem König überreichend).
Dies Blatt nennt ihre Namen.

Heinrich (auf das Blatt hinstarrend, nach einer kleinen Pause).
Nein! Unmöglich!

Sully. Der Herzog Nogaret von Epernon
Wird Ihnen die Beweise schlagend liefern.

Heinrich (noch unverwandt auf das Papier hinstarrend).
Entragues, Henriette und d'Auvergne!

Sully. Schlau war das Ziel berechnet. Im Getümmel,
Sire, sollte Ihre arme Gattin fallen,
Damit für Henriettens Ehrgeiz sich
Ein Feld erschließe.

Heinrich. Schändlich! zehnfach schändlich! —
Doch fort, unnützes Klagen! Rasche That
Nur heilt des Aufruhrs Nachwehn.
(Das Blatt zurückgebend.) Zur Bastille
Die Frevler! Henriette bleibe frei!
Sie ist unschädlich, fehlt ihr Männerhilfe.

Sully. Hier soll kein Augenblick verloren gehen.
(Er will sich entfernen.)

Heinrich. Zuvor noch einen Auftrag andrer Art! —
Marie gebar mir unlängst einen Sohn,
Doch zweifach foltert mich ihr Haß, seit ihr
Die Mutterliebe Rosen zeitigt. Drum

Ist mein Entschluß: Da ich ihr nimmer Gatte
Kann sein, will desto mehr ich Vater werden
Und meinen holden Erben selbst erziehn.
Die Mutter aber — überlegen Sie —
Wie wir die Mutter am manierlichsten
Sammt ihren Creaturen nach Florenz
Zurück in ihre Heimat senden!

Sully.   Sire,
Das kann Ihr Ernst unmöglich sein.

Heinrich.   Er ist's.
Ich will mir Ruhe schaffen — Ruhe, die
Ich nie bei Frauen fand.

Sully.   Wer trägt daran
Die größre Schuld?

Heinrich.   Sie werden kühn.

Sully.   Nicht ich:
Die Wahrheit! Sire, die Hand auf's Herz,
Soll eine offne Ungerechtigkeit
Die Folgen Ihrer Uebereilung sühnen?
(Kleine Pause, Heinrich wendet sich weg.)
Zwei Wesen kreuzen sich in Ihrer Brust.
Das eine, groß und herrlich, ist ein Hort,
Der schon als tapfrer Völker Sonne strahlt;
Das andre schwankend, Ihres Unsterns Quell!
Sie sind ein unerklärtes Räthsel, Sire!
So stark als Held! so kühn als Fürst und Staatsmann!
So scharfen Blicks im Urtheil über Männer!
Und wie so ganz verändert, ganz noch Jüngling
Voll blinden Feuers, tritt in Ihre Bahn
Ein schönes Weib!

Heinrich.   Ich höre. Tadeln Sie
Mich immerhin!
(Er setzt sich).

Sully.   Fern sei von mir die Absicht,
Durch meine Worte noch Ihr Leid zu mehren!
Ihr Schmerz drückt Sie zu Boden. Drum erscheint
Es mir als Pflicht, durch Ihres Lebens Spiegel
Vor kommenden Geschicken Sie zu warnen.

Heinrich. Nur weiter! Oder sind Sie schon zu Ende?

Sully. Sire, Ihre eigene Vergangenheit,
Die rasch vergessene, kann meinen Ausspruch
Erhärten. Gabrielle von Estrées
War einst, wie jetzt noch schlimmer Henriette
Es ist, der Dämon zwischen Ihrem Frieden
Und Ihrer ersten Gattin. Dennoch konnten
An eine Seele außerhalb des Ehebundes
Zum Zweitenmale Sie Ihr Herz verschenken,
Als Sie zugleich, in einem andern Weib,
Die zweite Gattin fanden! Und an wen?
An die Sirene, welche Frankreichs Gegner,

       Um Sie zu stürzen, Ihnen zugeführt.
       So haben Sie denn einem Traum die Ruhe,
       Und mehr, als Ihre Ruhe nur, geopfert.
Heinrich. Sie zürnen mir?
Sully.   Ich zürnen? Ja, wenn Mitleid
       Mit solcher Lage fühlen, zürnen hieße.
       Ihr Irrthum, weiß ich, stammt vom besten Herzen,
       Das je in dieser Welt der Täuschung schlug.
Heinrich. Wo Licht ist, Sully, muß auch Schatten sein.
       Wär' ich denn Weltbeglücker, hieß' ich „Béarner",
       Verständ' ich es, selbstsüchtig schlau berechnend
       Aus dieser Spanne Erdenringens mir
       Die schönsten Pfade künstlich auszuklügeln?
       (Aufstehend.)
       So schüttle ich auch jetzt die niedern Sorgen
       Von meinem Haupt, gedenk' der höhern Sendung,
       Und bin der König wieder.
         (Kleine Pause.) Und — was ich
       Von meiner Gattin sprach, ich will es, ehe
       Ich handle, nochmal reiflich überlegen.
  (Während Sully zur Seite abgeht, tritt durch die Mitte der Page ein.)
Page.   Der spanische Gesandte Don Toledo!
Heinrich. Toledo? Eben recht — er trete ein.
      (Page durch die Mitte ab).

Achte Scene.

Heinrich. Bald darauf **Toledo.**

Heinrich (allein, eine Schrift hervorziehend).
      Was ihn auch zu mir führen mag, er soll
      Nicht scheiden, eh die Kunde ihm geworden,
      Daß ich die spanische Majestät durchschaue,
      Daß ich mit dieser Schrift sie kann entlarven.
Toledo (durch die Mitte eintretend).
      Mein mächtiger Gebieter, Spaniens Herrscher,
      Deß' Reich die Sonne nie sieht untergehn,
      Entbietet Frankreichs Krone seinen Gruß,
      Und also läßt durch mich er Ihnen melden:
      Mit tiefem Grame hat er schweigend lang
      Ertragen, daß durch das Edict von Nantes
      Und manchen Vorschub andrer Art den Ketzern
      In Ihrem Reich Schutz und Ermunterung
      Zu Theil geworden. Deßhalb, väterlich
      Der Seelen Heil —
Heinrich (einfallend). Zum Schluß! Was will Ihr König?
Toledo. Noch einmal ladet er sie freundlich ein,
      Vereint mit ihm das Gift der Neuerungen,
      So wie in Spanien er gethan, in Frankreich,
      Und dann in ganz Europa zu vertilgen.

Heinrich. Ich dank' für eines solchen Bundes Ehre,
Und also laß' ich Ihrem Philipp melden:
Europa's Sonne steigt nicht aus Madrid
Empor, und für mein Frankreich sorg' ich selbst.

Toledo (sarkastisch). Das sah ich heut. Der Aufstand der Plebejer
War Ihrer Traumregierung erste Frucht.

Heinrich (aufbrausend). Herr Spanier! (sich mäßigend.)
Doch — beenden Sie vorerst
Den Auftrag Ihres Königs!

Toledo. Eine Nacht
Gab Spanien die Infantin, Frankreich
Den Dauphin. Beide, Erben der zwei größten,
Der christlichsten und frömmsten Reiche, sahn
Das Licht der Welt zur selben Stunde. Philipp
Von Spanien beugt sich diesem Wink des Himmels.
Darum erbittet er des Dauphin Hand
Für die Infantin, daß auf diesem Paare
Die Krone Heinrichs sich mit Philipps Macht
Vereine.

Heinrich. Hat er nicht auch für die Kinder,
Die solche Ehe ihm verspricht, schon eine
Bestellung an die ungeborne Nachwelt?

Toledo. Ihr Wortspiel, Sire, soll mich nicht hindern,
Des Auftrags Rest in Ruhe vorzubringen.
Die Kunde von des tapfern Feldmarschalls
Von Biron Hochverrath hat meinen König
In seines Herzens Grunde tief erschüttert.
Er sendet seinen Glückwunsch zu dem Sturze
Des Frevlers.

Heinrich (nachdem er den Gesandten einige Augenblicke mit durchbohrendem Blicke betrachtet). Don, Sie spotten wohl im Glauben
An die Unmöglichkeit, gewisse Führer
Des Aufruhrs zu erreichen?

Toledo. Sire, wie dürfte
Des allgewaltigen Manns ich spotten, der
Des Erdballs länderreichste Krone stolz
Verschmäht!

Heinrich. Wozu denn dieser neue Kunstgriff?
Wie? wähnen Sie den vierten Heinrich blind?
Wer hatte zum Savoyer Kriege Biron
Ein spanisch Heer versprochen? Wer die Hoffnung
Auf eine mir gestohlne Fürstenkrone
In ihm gezeigt? Und des heutigen Aufstands
Verborgnes Oberhaupt, des Pöbelaufstands,
Wie Sie zum Hohne vorhin selbst ihn schalten,
Es heißt, — daß Sie mich diesmal wohl verstehn, —
Es heißt in Spanien Philipp, hier in Frankreich
Nenn' ich es dro be Toledo!

Toledo. Sire,
Die Nennung eines Frauennamens könnte

Mir jede Antwort sparen. Doch — ganz offen:
Es war nur Gegenleistung für das Gold,
Mit welchem Sie die Revolution
In unsern Niederlanden stets ermuntern.

Heinrich. Erröthen Sie bei dieses Landes Nennung!
Toledo, ja, ich gab von Frankreichs Reichthum,
Nicht um in Münzen ihn zurückzufordern:
Sie zahlen mit Erkämpfung ihre Rechte,
Und dessen rühm' ich gern mich vor der Welt,
Sowie ich gern Abrechnung Ihnen liefre.
(Die Urkunde hervorziehend und dem Gesandten vorhaltend.)
Sie kennen wohl dies Pergament?

Toledo (seine Fassung nur mit Mühe behauptend). Philipps
Des Zweiten Testament für seinen Sohn
Philipp den Dritten, meinen Herrn und König!
Wie konnten Sie aus dem Escurial
Dies wohlverwahrte Document entwenden?

Heinrich. Entwenden? De Toledo, nein! Ich treibe
Nicht spanische Künste. Durch Verwechslung kam es
Statt einer Note über Englands Bündniß
An meinen Abgesandten in Madrid.
Sie staunen! Ja, ein eigner Zufall war's,
Der nicht wird zu des Himmels Winken passen,
Die Philipp gern in jedem Zufall sucht.
(Auf die Urkunde weisend.)
Hier steht es klar, was Karl der Fünfte, was
Philipp der zweite, Ihres Herrn Großvater
Und Vater wollten. Keiner hat sein Ziel
Erreicht. „Philipp der Dritte", sagt die Schrift,
„Lern' Schlangenklugheit aus der Väter Mißgriff!
„Er wähle Mittel, die entnerven." — Don,
Ihr seid im Süden Frankreichs Nachbar. Soll
Ich warten, bis Ihr durch den Sturz Brabants
Und Flanderns auch im Norden mich umschloßt?
Was dann geschähe, seh' ich hier verbrieft.
So setze diese Schrift denn ihrem Streben
Den Grenzstein —

Toledo (einfallend). Sire —

Heinrich (ohne Unterbrechung fortfahrend). Für der gesammten Menschheit
Wie zu des Völkerrechts Gedeihn verlang' ich
Die Unabhängigkeit der Niederlande!

Toledo. Und wenn wir sie verweigern?

Heinrich. Dann entscheidet
Mein Schwert! (Pause.)
Sie werden es so weit nicht treiben.
Die Krone Spaniens gleicht dem Riesenbild
Nabuchodonosors: Das war aus Thon,
Inwendig bröckelnd, hohl, und fiel zusammen
Beim ersten Schlag. Sie kennen Ihre Schwächen —
So sagt dies Testament, so sagt Ihr Spiel.

Toledo. Ich heb' den Handschuh auf in Philipps Namen.
Heinrich. Zum Krieg? Mit welchen Heeren wollt Ihr siegen?
Toledo. Das wird sich zeigen, Majestät von Frankreich.
(Stolz durch die Mitte ab.)

Neunte Scene.

Heinrich allein. Später ein **Page**.

Heinrich. Das wird es. Sturz der Inquisition!
Verderben ihr im ganzen Rund der Erde!
(Nach einer Pause fährt er sinnend fort.)
Und nur ihr Sturz? und weiter nichts? nichts weiter?
Ein Weltgebäude sinkt mit ihr in Trümmer —
Wie pflanz' ich Leben hin auf morschen Schutt?
(Nach einer Pause Nachdenkens, die Urkunde öffnend.)
Vielleicht daß hier, das Gegentheil von Dem,
Was Philipp will, die rechte Bahn mir zeigt!
Noch einmal will ich dieses Testament
Aufmerksam prüfend überschauen.
(Er setzt sich und blättert in der Urkunde; nach einer Pause nimmt er ein eingelegtes
Blättchen, das zu Boden fiel, in die Hände.)
                          Was
Ist dies? Schon wieder gegen Sully!
(Er liest.)   „Hüten
Sie sich vor Ihres Staatsministers Ehrgeiz."
(Er steht auf.)
Seit Monden find' ich derlei Warnungsstimmen.
Weßhalb tritt keiner auf von seinen Gegnern
Und klagt mit offner Stirn ihn an? weßhalb
Nicht, wenn er schuldig ist? Er ist noch rein! —
Und dennoch wär' es möglich, daß die Kläger,
Aus Furcht vor seiner Macht nur, sich verschleiern.
(Sinnend.)
Ein Zeichendeuter hat mir einst verkündet,
Daß Niemand meinem Fluge bis zu einem
Gewissen Punkte folgen würde — Niemand!
(Er gibt ein Zeichen, worauf ein Page eintritt.)
Ruf' meinen Arzt la Riviere! (Der Page ab.)
La Riviere versteht die tiefe Kunst,
Die Sprache jener Welten zu entziffern.
Er lehr' mir, was die dunkeln Schicksalsmächte
Uns droh'nd verkünden.

Zehnte Scene.

Heinrich. La Riviere.

Heinrich.   Näher her zu mir!
Noch näher! — Neulich hab' ich Dir befohlen,
Die Quadratur des Dauphin mir zu stellen.
Was lasest Du im Buch der ewigen Sterne?
La Riviere. Unzuverlässig, Sire, ist meine Kunst.

Heinrich. La Riviere, Du sprichst nicht wie Du denkst!
Des Menschen Seele hat Zusammenhang
Mit jenen fernen Leuchten, deren Strahl
In unsre Brust oft ahnungsvolle Wehmuth,
Oft eines Gottes hohe Freuden sendet.
La Riviere. O bringen Sie nicht ein in jene Räthsel!
Sire, stehn Sie ab, die Zeichen zu enthüllen,
Die über den Geschicken Frankreichs kreuzen!
Heinrich. Furcht also hat Dich stumm gemacht? Sprich offen,
Was auch Du schautest! Zeige mir den Abgrund!
Ich weiß das Unvermeidliche zu tragen. (Pause.)
Du willst nicht? Bei dem Zorne Deines Königs:
Entziffre mein Geschick aus jenen Zeichen!
La Riviere. Sire, wenn der Sterne Flug uns Wahrheit kündet,
So siegt Maleficus; Ihr Werk zerfällt,
Und unter Vormundschaft besteigt der Dauphin
Als Knabe Frankreichs Thron.
Heinrich (nach einer Pause tiefster Erschütterung, gefaßt und ruhig).
Ich weiß genug.
Entferne Dich und sende Bellievre! (La Riviere ab.)

Eilfte Scene.

Heinrich. Bald nachher Bellievre.

Heinrich (allein, geht einige Schritte auf und ab, und bleibt dann sinnend stehen.)
Was wollt' ich denn? Gewißheit über ihn.
Da fällt das Schicksal einen Ausspruch, der
Vieldeutig mir den Tod zeigt, nicht den Feind
Entlarvt. (Bellievre erscheint in der Tiefe.)
Bellievre. Sire, Sie befehlen?
Heinrich. Näher, näher!
(Bellievre tritt vor, indeß Heinrich für sich.)
Die Gegenprobe sei gewagt! (Laut.) Ich brauche
Nur einen kleinen Dienst, auf eine Frage
Nur Wahrheit.
Bellievre. Sire, stets gab ich reine Wahrheit.
Heinrich (nachdem er den Bellievre einige Zeit mit forschendem Blicke gemustert.)
Was halten Sie vom Staatsminister Sully?
Bellievre (für sich). So bietet plötzlich sich Gelegenheit,
Den kühnen Hugenotten zu vernichten.
Heinrich. Sie wollen mit der Sprache nicht heraus?
Er könnte wirklich ein Verräther sein?
Bellievre. Sire, seine Freunde hörten stets nur Gutes;
Doch seine Gegner flüstern manchmal leise — (Er stockt.)
Heinrich (mit Ungeduld).
Was? Seine Gegner — was, was flüstern diese?
Bellievre. Daß Sully nicht durch kühnen Widerspruch
So oft den Zorn des Königs würde wagen,
Hätt' er nicht klüglich sich schon vorgesehn.
(Heinrich schauert zusammen; Bellievre fährt nach einer kleinen Pause fort.)

Auch fiel es auf, daß heute, just am Tag
Nach Sully's Rückkehr, in Paris ein Aufstand
Mit kühnen Freveln Bahn sich wollte brechen.
Heinrich. Spitzbübisch höllische Verkuppelung!
Er sieht, wie ich in Nacht und Dunkel seufze;
Ich fleh' ihn an um Licht, und er, er bläßt
Geschmeidig, bücklich, hündisch kriechend,
Den letzten Funken aus vor meinem Auge!
Bellievre. Sire, wäre mir bekannt gewesen, daß
Der Eindruck meiner Worte Sie so tief —
Heinrich (einfallend). Beweisen Sie, was keck Sie ausgesprochen!
Bellievre (verwirrt).
Ich, Sire, ich — ich — ich soll — wie könnte ich
Beweisen, was mir selbst unglaublich klingt?
Es sind Gerüchte —
Heinrich. Ihre Quelle?
Bellievre (rasch einfallend). Kenne
Ich nicht. Was ich zu sagen mich erkühnt,
Das ist in ganz Paris bekannt.
Heinrich (in gebieterischem Tone kalt und verächtlich). Entfernen
Sie sich!
Bellievre. Mit meines Königs Zorn beladen!
Heinrich. Verwegner, eingebildet stolzer Mann,
Wähnst Du, es sei noch Raum in Heinrichs Brust
Zur Rache für den Trugschluß des Liguisten?
(Er tritt zu Bellievre und legt seine Hand auf dessen Schulter).
Du bist ein Greis und hast für lange Wohlthat,
Die Du genossest an des Thrones Stufen,
Noch eine Schuld, die Schuld der Dankbarkeit
An mich zu zahlen. Geh'! Sag', daß Dein König
Dir gnädig stets geblieben, daß auch gnädig
Er heut Dich jeder weitern Pflicht enthob!
Und dann — (Von ihm wegtretend mit furchtbarem Ausbruck.
vollende den Verrath!
Bellievre. Mein König!
Heinrich. Nichts mehr davon! Ich will allein sein. Geh!
(Zur Seite ab. Bellievre blickt ihm tief ergriffen nach, und entfernt sich dann durch die Mitte.)

Verwandlung.

Prachtvoll eingerichtetes Zimmer im Palast der Marquisin von Verneuil.

Im Vordergrunde rechts ein Tisch mit Schreibmaterialien und Briefen.

Zwölfte Scene.

Henriette. Lafin wieder in hoffähiger Kleidung.

Henriette. Don de Toledo sendet Sie zu mir?
Lafin. Der spanische Gesandte Don Toledo.

Henriette. Unglaublich! Don Toledo ist mein Freund.
Lafin (einfallend). Wie ich. (Ein Blatt Papier überreichend).
                Hier der Beweis!
Henriette (nimmt und li[e]st).   „Lafin steht hoch
      In meiner Gunst. Vertrauen Sie ihm Alles." (Für sich.)
      Toledo's Handschrift. (Laut.) Waren Sie nicht heut
      Der Führer einer Horde Vagabunden?
Lafin. Es schmeichelt mir, daß Sie sich dran erinnern.
Henriette. Sie hatten sich verkleidet?
Lafin.   Nein, Marquisin.
      Ich trug heut früh mein eignes Staatskleid.
      (Auf seinen Mantel zeigend).   Diese
      Verwandlung ist die erste Frucht von Don
      Toledo's junger Freundschaft. „Jaques", — so sprach er, —
      „Nie sah ich einen schlechtern Schurken, der
      „So gut wie Du sich auf die Kunst versteht,
      „Zufriedne Bürgersleut' in Wuth zu jagen.
      „Ich geb' Dir jeden Monat tausend Livres,
      „Wenn Du bei mir willst Dienste nehmen." — Top!
      Ich habe meine Seele ihm verkauft,
      Und bin nun seiner Gnaden Leibhalunke.
Henriette. Und weßhalb schickt Toledo Sie zu mir?
Lafin. Der Aufstand ist mißglückt; und folglich, meint
      Er, sollten Sie zu Ihrem eignen Vortheil
      Auf seinen frühern Antrag endlich eingehn.
Henriette. Nach Spanien entfliehn?
Lafin (fortfahrend).   Darum ersucht
      Er um das Ehverspechen, welches Heinrich
      Einst Ihnen gab.
Henriette.   Wozu?
Lafin.   Man wird Sie in Madrid
      Als Frankreichs echte Königin empfangen,
      Eilt Ihnen jenes Document voran.
Henriette. Als Frankreichs echte Königin?
      (Sie tritt an den Tisch und nimmt eine Schrift in die Hände, für sich.)
                         Und deßhalb
      Nur drängt er? liefert diese Schrift nicht ganz
      Mich in des Spaniers Hand? Das ist noch zu bedenken.
      (Sie legt die Schrift wieder auf den Tisch, laut.)
      Lafin, ich werde meine Antwort senden.
      Verlassen Sie mich jetzt!
(Da Lafin gegen den Hintergrund schreitet, auf einen Ausgang im Vordergrunde links deutend).
                Durch diese Thüre!
Lafin (wendet sich um und bleibt einige Augenblicke schweigend stehen).
      Nur kurze Zeit bleibt Ihnen noch die Wahl. —
      Marquisin, wer die Tugend nicht besitzt,
      Sich engelrein zu wahren, muß den Muth
      Der Teufel suchen oder untergehn. (Ab.)

Henriette (allein).
Der Teufel Muth — o nur zu wahr! Und jetzt —
Jetzt erst erkenn' ich meinen tiefen Fall.
(Sie setzt sich und versinkt in stummes Nachbrüten. Sully tritt aus dem Hintergrund ein.)

Dreizehnte Scene.
Henriette. Sully. Später Heinreich.

Sully (nachdem er der Marquisin einige Augenblicke schweigend gegenüber gestanden).
Marquisin!
Henriette (erschrocken auffahrend). Sie unangemeldet hier?
(Sich besinnend, mit einer artigen Verbeugung).
Entschuldigen Sie mich, Herr Staatsminister!
(Sie schreitet gegen den Seitenausgang.)
Sully. Wohin Marquisin?
Henriette. Meinen Vater will
Ich rufen.
Sully. Sparen Sie zwecklose Gänge!
Ihr Vater und Ihr Bruder von Auvergne
Begaben sich so eben auf den Weg
Nach der Bastille.
Henriette (zusammenbrechend). Dahin ist's mit uns
Gekommen! — Theurer Vater, nun durch mich gestürzt
In Kerkernacht!
(Kleine Pause; sich wieder fassend, für sich.)
Und es gäbe keine Rettung?
(Entschlossen, laut.)
Sie können wieder gehn, Herr Staatsminister!
Ich selbst muß ohne Zögern jetzt zum König
Und unterhandle nicht mit Zwischenträgern.
(Sie schreitet gegen den Hintergrund und öffnet die Thüre; bewaffnete Wachen sperren den Ausgang; betreten prallt die Marquisin zurück.)
(Gefangen?
Sully. Nur bewacht.
Henriette. Der Preis für meine Freiheit?
Sully. Ein kurzer Brief, in welchem Sie vom König
In Demuth die Erlaubniß sich erflehn,
Fern von Paris, im Marquisat Verneuil,
Ihr Leben still und reuig zu beschließen.
Henriette. Ich werde diesen Brief nicht schreiben.
Sully. Dann muß dies Haus Ihr Staatsgefängniß werden.
Henriette (für sich).
Doch wenn ich bittend jetzt — horch! Welche Schritte
Im Gang? So tritt nur er auf.
(Gegen Sully.) Ha, Verläumder,
Der zwischen mich und ihn sich wollte drängen,
Erbebe jetzt vor Deinem König!
(Dem eben Eintretenden entgegeneilend.)
Heinrich!

Heinrich. Zurück! Zurück! Hier ist kein Ort für eine —
Marquisin.
(Näher kommend bebt er beim Anblick Sully's zurück.)
Auch Sie im Hause des Verraths?
Sully. Die Frage, Sire, geb' staunend ich zurück,
Denn unerklärlich ist mir Ihr Besuch.
Heinrich. Welch ein Geschäft hat Sie hereingeführt?
Sully. Ihr eigner Auftrag, der die Strafe mich
An den Verbrechern eilig hieß vollziehn.
Heinrich. Das also ist es, weiter nichts! Ganz recht —
Wir sprachen ja davon. — Wie ich, ich selbst,
Hereingekommen? Fragen Sie die Sterne!
Wie ich hereingekommen? Nur aus Irrthum!
Das ganze Leben ist ja nichts als Irrthum.
Sully. Sire, Sie sind krank. Darf ich nach Hause Sie
Begleiten?
Heinrich (hinbrütend). Ja, nach Haus! Der Mörder sendet
Sein Opfer in ein Haus, aus dem es nie —
Nie wiederkehrt.
(Er faßt Sully's Hand und starrt ihn an.)
Sehn Sie mir fest ins Auge!
Henriette (auf der andern Seite für sich).
Die Wirkung meiner Briefe — Sully ist
Verloren.
Sully. Sire, ich habe keinen Grund,
Den Blicken meines Königs auszuweichen.
Heinrich. Du Mensch, Du stahlest mehr mir, als der Himmel
Zurück mir kann erstatten, wenn dies Auge
Mit Lächeln mich in schlimme Träume wiegte,
Wenn je —
(Sich selbst unterbrechend läßt er plötzlich Sully's Hand los und tritt von ihm hinweg.)
Verlassen Sie mich jetzt! Was ich
Mit der Marquisin hier zu reden habe,
Braucht keinen Zeugen.
Sully (nach einer kleinen Pause). Bald, so hoff' ich, Sire, —
Bald wird mein König wieder sich erinnern,
Daß Sully stets ihm redlich hat gedient. (Ab.)

Vierzehnte Scene.

Heinrich. Henriette.

Henriette. Der war der Friedensstörer zwischen uns!
Er zwang mich, als Du rettend nahtest, eben
Zur Lüge, daß ich nie Dich wiedersehn,
Daß ich auf immer von Dir wolle scheiden.
Heinrich. Und hattest Du die Absicht nicht, zu fliehn?
Nach Spanien, meinem Todfeind, zu entfliehn,
Um meine Krone dort auf's Haupt Dir setzen
Zu lassen?
Henriette. Wer hat dies gesagt?

Heinrich. Wer? Frage
Toledo's Creaturen!
(Kleine Pause.)
Kannst Du leugnen?
Henriette. Ich mag nicht widersprechen.
Heinrich. Weib, was that
Ich Dir, daß endlich wir uns so begegnen?
Dein Auge hatte keinen Wunsch, den ich
Dir unerfüllt ließ; Dein Geschlecht und Dich
Hab' fürstlich ich bereichert! Ja weit mehr
Als dies: Ich habe Dich geliebt. Du warst
Das Theuerste mir auf der ganzen Erde, —
Und nun dafür, dafür dies Ungeheuer!
Henriette. Du liebtest mich? und stahlst mein arglos Herz,
Es zu bethören? wecktest Hoffnungen,
Die jetzt auch meines Vaters mich beraubt?
Wie wagst Du's, die Betrogenen zu richten?
Heinrich. Weib, unglückselig Weib, treib' mich zum Wahnsinn!
Henriette (an den Tisch gehend und das Eheversprechen in die Hände nehmend).
Hier der Beleg, von Deiner eignen Hand
Bekräftigt!
Heinrich. Kannst Du dieses Blatt, das ich
Zum Schutze gegen Deines Vaters Stolz
Dir zögernd einst vertraute, — kannst Du frevelnd
Nun gegen mich es wenden? Gib mir endlich
Zurück, was nie für Dich bestimmt war!
Henriette (das Blatt wieder auf den Tisch legend).
Nur Kinder fordern ihr Geschenk zurück.
Heinrich (gegen den Tisch tretend).
So schaff' ich denn mit eigner Hand mir Recht.
Henriette. Der Diebstahl ziert den König!
Heinrich. Wirst Du witzig?
(Er ergreift Henriettens Hand und zieht sie mehr gegen den Vordergrund.)
Komm, laß ins Angesicht Dir schaun! So zart,
So jung, und schon so tückisch! Steht die Schönheit
Im Bunde mit der Hölle, daß die schlimmste
Sirene stets den stärksten Zauber übt?
Hier halt' ich Deine Hand, die mich so oft
In trauten Stunden wonnig hat umschlossen, —
Ich halte sie und fluch' der Weiberliebe,
Fluch' diesem Aug', deß' Sterne mich bestochen,
Fluch' diesem Purpurmund, den ich geküßt,
Fluch' diesem Götterbild voll Reiz und Anmuth,
Und fluch', fluch' endlich jener ersten Stunde,
In der sich unsre Herzen fanden!
Henriette (ihre Hand zurückziehend). Fluche
Dir selbst und Deiner Seele Wankelmuth! —
Wo lebt der Richter, der mit jener Schrift
Uns gegen Dich nicht müßte schützen?
Heinrich. Wehe

Der Selbstsucht, die mich an den Richter mahnt!
Von heute an veracht' ich Dein Geschlecht.
(Er schreitet gegen den Ausgang im Hintergrunde, indeß)

Henriette (im Vordergrund mit plötzlich verändertem Tone für sich).
Er geht — die Liebe floh aus seinem Herzen!
(Laut, mit dem Ausdrucke der Verzweiflung ihm nacheilend.)
Heinrich!

Heinrich (sich wieder umwendend).
Was rufst Du nochmal?

Henriette.
Heinrich,
Verlasse so mich nicht! Zerschmettert sinke
Ich hin zu Deinen Füßen.

Heinrich (sich über die auf ein Knie gesunkene Henriette beugend und ihre Hand fassend).
Zwing' mich nicht,
In Dir auch noch die Heuchlerin zu hassen!

Henriette (sich mit Selbstgefühl erhebend).
Beim Allerbarmen, Heinrich, nie — nie kannst
Du dies! Ich brauche — ich verdien' Dein Mitleid.
(Pause.)
Ich war ein heitres Mädchen, eh ich Dich
Gesehn. Es wurde damals mir gesagt,
Man habe Dir mein Bild gezeigt, und Du,
Du liebest mich. Dies reizte meinen Ehrgeiz,
Und dennoch blieb ich fest entschlossen, kalt
Dich, wenn Du würdest nahen, abzuweisen.
Da standest plötzlich unerkannt Du vor mir.
Dem schlichten Ritter glaubt' ich meine Hand
Zu schenken und verlor mein Herz, eh ich
Die Täuschung ahnte, an den König! Was
Nachher geschehn ist, weißt Du. Heinrich, ach,
Ein Sturz, wie meiner, aus den Liebeshimmeln
Herab in schimpflich öde Herzensnacht
Verkehrt wohl selbst den Sinn von mildern Wesen
In wilde Raserei. Und rasend war
Ich, rasend mit dem Todespfeil im Herzen,
Als zur Verbrecherin an Dir ich ward, —
An Dir, dem Abgott meiner Welt!
Mein Loos ist die Verzweiflung, wenn auch Du,
Auch Du mich kannst verachten.

Heinrich (mit abgewendetem Gesicht).
Henriette!

Henriette (tritt mit unsicherm Schritte an den Tisch, ergreift das Eheversprechen und überreicht es dem König).
Nimm Deinen Theil zurück von unserm Bunde!
(Heinrich nimmt mechanisch die Schrift.)
Es war das Letzte, das mich sollte schützen, —
Jetzt such' ich keinen Schutz mehr. Dies Geheimniß
Erlöscht mit mir im Grabe. Zögre nicht,
Das Todesurtheil über mich zu sprechen!
Du kannst es leicht! Ich bin Verrätherin
An Deinem Land und Deinem Volk. Aus Sehnsucht
Nach Dir wollt' ich die Königin vernichten —

Vernichte mich! Du kannst es leicht. Ich war
Dir ja nur eine Buhlerin, war nicht
Die Sonne Deines Herzens.
(Mit furchtbarem Ausdruck.) Achte, oder
Ermorde mich!

Heinrich. O Weiber! Weiber! Ihr
Seid bittre Schlangen. Hassen sollt' ich Dich,
Und kann Dich Teufel, schöne Sünderin,
Dich Engel nicht verlassen!

Henriette (auf ihn zueilend). Heinrich!
(an seinem Halse.) Heinrich,
Du kannst verzeihn, Du edle, große Seele,
Auf die Europa hoffend schaut.

Heinrich (der sich Henriettens Umarmung mehr mechanisch als mit Selbstbewußtsein gefallen ließ, gewaltsam sich loswindend).
Europa?
Halt ein! Hinweg! — Europa schaut auf mich,
Und wird einst richten über diese Stunde.
Das Zauberwort schreckt aus der Traumwelt mich
Empor, und ich gehorche seiner Warnung.
Leb' wohl!

Henriette. O Gott!

Heinrich. Leb' wohl! Ich sage nicht:
Auf Wiedersehen!

(Rasch ab. Henriette wankt in höchster Gemüthsbewegung gegen die Seite und hält sich an der Lehne des Sopha's nur mühsam aufrecht.)

Letzte Scene.

Henriette. Später **Toledo** und ein **Diener**.

Henriette (allein, nach längerer Pause). So ist es abermals,
Und jetzt auf immer — immerdar entschieden.
Kein Wiedersehen, keine Hoffnung — keine! (Pause.)
Doch bin ich denn verlassen? Schied er kalt?
Wie hieß das Wort, das gleich des Adlers Schwung
Empor ihn zog zur königlichen Höhe?
Ein Heros überwand er, rasch entschlossen,
Des Blutes heiße Wallung, um sich ganz
Der Seele himmlischem Beruf zu weihn.
Und darf ich schwächer mich, mich feiger zeigen
Als er? Wenn einst der Name Heinrich glänzt
Im Buch der Weltgeschichte, soll der Enkel
Dann meinen Namen nur mit Mitleid nennen?
Beim Himmel, nein, das soll er nicht! Doch wie
Mein Werk beginnen? wie mich sühnen? wie?

(Pause; dann gibt sie, sichtlich zu einem hohen Entschlusse gekommen, mit der auf dem Tische stehenden Klingel ein Zeichen, worauf von der rechten Seite ein Diener eintritt. Schon ein wenig früher erschien im Hintergrunde Toledo und tritt jetzt vor.)

Toledo. Marquisin, es ist höchste Zeit zu fliehn.

Henriette. Sie hier? Aus meinen Augen! Fluch der Stunde,
Die mich mit Euch verband!
(Zum Diener.) Den Wagen vor! (Diener ab.)
Toledo. Wohin, Marquisin?
Henriette. Zur Königin!
(Henriette rasch ab. Toledo blickt ihr betroffen und unentschlossen nach, während der Vorhang fällt.)

Vierter Act.

Audienzsaal im Louvre.

An der Seite im Vordergrunde ein Tisch, mit mehreren Schriften bedeckt.

Erste Scene.

Sully, allein.

Sully. So scheitert unsre Sendung, weil dem Träger
Der Hoheit erste Vorbedingung mangelt.
Nur wahrhaft Reine schaffen wahrhaft Großes, —
Befleckte mästen in sich selbst den Wurm,
Der ihrer Thaten schönste Frucht zerstört.
(Nach rechts blickend.)
Und tret' ich nochmal ein, um seines Geistes
Umnachtung zu bekämpfen? Nein! die Wahrheit
Kann dem nur frommen, der nach ihr verlangt;
Die ungerufen vordringt, wird gehaßt.

Zweite Scene.

Der **Vorige**. **La Riviere**, **Villeroi**, **Epernon** und mehrere Hofherren treten durch die Mitte auf. Später König **Heinrich**.

Villeroi (Zu La Riviere).
Was macht der König?
La Riviere. Täglich wächst sein Trübsinn.
(Die Thüre rechts wird von außen geöffnet.)
Epernon. Er naht sich!
(Alle ziehen sich auf die linke Seite oder gegen den Hintergrund zurück. Heinrich tritt von der rechten Seite ein, einen Brief in der Hand. Gedankenvoll, ohne die Anwesenden zu bemerken, geht er an ihnen vorüber und bleibt in der Mitte des Saales stehen.)
Heinrich. Schon versammelt? Schon so spät?
Schon Sitzungszeit? Und wieder eine Nacht
Schlaflos verloren! — Räthe meiner Krone
Helft dem Gedächtniß Eures Königs nach

4*

        Und sagt: Womit wohl habe ich den Herzog
        Von Bouillon, meinen Blutsverwandten, einst
        Beleidigt?

Villeroi.   Sire —

Heinrich.   Bedenkt genau Euch! Etwas,
        Versteht wohl, muß — es muß geschehen sein,
        Sonst wäre sein Verbrechen gegen die Natur.

Villeroi. Was that er, Sire, das Sie so tief verletzte?

Heinrich. Nach Birons Sturz entfloh er aus Paris,
        Und hinterließ hier, wie zum Hohn, dies Schreiben,
        In welchem er sich selbst die Spitze nennt
        Der meut'rischen Partei.

Epernon.   Des Prinzen Handlung
        Ist schmählichster Verrath, da er von Ihnen
        Nur Wohlthat über Wohlthat hat empfangen.

Heinrich (für sich, den Brief auf den Tisch legend).
        Fahr' er denn wohl! Es ist mein Schicksal, daß
        Ich untergeh' an meinem eignen Bau.
        (Zu Villeroi.)
        Was gibt es in der Staatskanzlei?

Villeroi.   Ein Schreiben
        Aus dem Escurial. Philipp gewährt
        Die Unabhängigkeit der Niederlande.

Heinrich. Ohne den Krieg zu wagen? Desto besser.

Villeroi (mehrere geöffnet auf einander liegende Briefe zugleich vom Tische nehmend.)
        Und ferner bringt die Post uns näh're Kunde
        Vom Stand der deutschen Streiterei um Cleve
        Seit Herzog Friedrich Wilhelms Tod.

Heinrich.   Die Briefe!

Epernon (auf der Seite gegen Sully, während Heinrich die Briefe nimmt und überfliegt).
        Der Eine steigt, der Andre fällt — das war
        Von jeher so der Lauf am Hof der Großen.

Heinrich (für sich).
        Von allen Seiten Mahnungen zur That.
        (Er legt die Briefe auf den Tisch zurück.)
        Will mich noch Jemand sprechen, tret' er vor!

Sully (sich nähernd).
        Ich wünsche Urlaub, Sire, um nach Fontainebleau
        Mich zu begeben.

Heinrich (nach einer Pause, während welcher er den Sully fest ansieht).
        Reisen Sie mit Gott!
    (Sully verbeugt sich und schreitet gegen den Seitenausgang. Der König für sich.)
        Er geht — kann schweigend gehen!
        (Laut.)   Sully!
    (Sully wendet sich um und bleibt erwartend stehen.)
        Haben
        Sie mir zum Abschied Nichts zu sagen?

Sully.   Nichts, Sire!

Heinrich. Nichts? wirklich — wirklich nichts?

Sully (nachdem während einer längeren Pause sein Auge den Kreis der umstehenden Hofherren durchmustert). Nichts.

Heinrich (für sich). Ich verstehe.
(Zur Versammlung.)
Laßt uns allein!
(Alle ab, außer)

Dritte Scene.
Heinrich. Sully.

Heinrich (für sich, während die Versammlung abgeht).
„Nichts!" dieses kalte „Nichts"
Entwaffnet meinen schleichenden Verdacht. (Laut.)
Ihr Wunsch ist nun erfüllt, kein Zeuge stört uns.
(Pause; Sully bleibt ruhig in seiner vorigen Stellung.)
Ich harre dessen, was Sie melden wollen.
(Kleine Pause.)
Sully, Sie kannten meine Zweifel, dennoch
Geschah von Ihnen nichts, sie zu entkräften!
Sully. Ich that auch nichts, das sie begründen könnte.
Heinrich. Ihr Wort klingt stolz.
Sully. Nicht stolzer, als mir ziemt.
Heinrich. Ich selbst hab' Sie verwöhnt, drum will ich's tragen
Und, falls aufrichtig Ihr Vergehn
Sie nennen, unserer Vergangenheit
Zu Lieb' mit Ehren heute Sie entlassen.
Sully. Das hoff' ich, Sire! — Um meine ganze Schuld
Vor Ihnen darzulegen, muß ich tief
Zurück in die Vergangenheit Sie führen,
In jene Tage, da die Krone Frankreichs
Noch nicht auf Ihrem Haupte glänzte. Damals
Noch standen Katholik und Hugenott
Sich im Vernichtungskampfe gegenüber.
Ein Mittel nur blieb übrig, unser Frankreich
Vom Rückfall in die Barbarei zu retten.
Sie, Hugenott und Erbe unsrer Krone,
Sie mußten wieder zur Confession
Der alten Kirche sich zurückbequemen,
Um die Besorgnisse der Katholiken
Zu bannen und hierdurch auch Calvins Schülern
Die langentbehrte Duldung zu erkaufen.
Sire, damals trat ich, ich, der Hugenott,
Der heut noch treu bei Calvins Freunden steht,
Ich trat vor Sie und sprach: „Im Herzen wohnt
„Der wahre Glaube; die Confession
„Ist nur das äußere Gewand zu unsers
„Erlösers reiner Himmelslehre. Werden
„Sie Katholik, ein Katholik, der über
„Dem Hasse der Parteien segnend thront,
„Kein Philipp, sondern Christ und zweiter Titus!"

Sie folgten, gaben das Edict von Nantes,
Und Frankreich war versöhnt. Dies ist mein erstes
Verbrechen, Sire; es machte Sie zum König,
Jedoch zum König eines armen Landes.
Verschwunden waren des Erwerbes Quellen
Für Volk und Fürst; Sie standen machtlos, rathlos.
Auf einem Weltthron da — im Purpurkleid
Ein Bettler! Da erforscht' ich mühevoll
Den innern Grund des hoffnungslosen Jammers,
Und trieb die Räuber aus den dunkeln Höhlen,
In welche Frankreichs Schätze sich verloren.
Dies ist mein zweites Verbrechen, Sire; es hat
Ihr Volk zum glücklichsten des ganzen Erdtheils
Gemacht. Nur Sie, Sie noch allein, ersehnten
Vergebens Ruhe; eine Schlange hatte
Ihr Herz mit Ihrer Pflicht entzweit, und schwankend
Am Abgrund fand ich Sie, ein Document,
Auf dem Ihr Urtheil stand, in Ihren Händen.
Da wagt' ich Ihren Zorn und warf entschlossen
Mich zwischen Ihre Pflicht und Ihre Liebe,
Daß nicht der Lorbeer, den Europa Ihnen
Will spenden, sich auf Ihrem Haupt in Dornen
Verwandle. Dies, Sire, ist das dritte meiner
Verbrechen, und es schützte Sie vor Spott
Und Schande.

Heinrich (auf einen Stuhl niedersinkend).
   Sie vernichten mich.

Sully (fortfahrend). Wohl sah
Ich Alles kommen, sah, wie Habgier, Schönheit
Und fromme Ränke sich zum Bund verschwuren,
Um einen Wall zu bauen zwischen mich
Und Ihr Herz, Sire! Ich aber schwieg — that nichts
Mein Schicksal abzuwenden, denn: einst hatten
Sie feierlich gelobt, daß nie ein Zweifel
Uns sollte trennen.

Heinrich (auf ihn zueilend). Sully!
Sully (fortfahrend). Lassen Sie
Mich enden! Vorhin stellte ich die Bitte,
Mir Urlaub nach Fontainebleau zu geben.
Sire, nicht um dort zu rasten, wollt' ich hin.
Der Dolch, den Sie in Ihres Sully Hand
Vermuthen konnten, — in Fontainebleau
Wird, fürcht' ich, er von Bouillons Anhang eben
Geschliffen. — Wer sich rühmen kann, daß ihm
Der Eifer für sein Volk und seinen König
Mehr Feinde hat, als mir, erzeugt, der trete
Nun auf, und sprech' das Urtheil über mich!

Heinrich (nach einer kleinen Pause).
   Ich habe noch zu keinem Sterblichen

Gesagt: „Verzeihe mir!" Doch — Sully, Sie
Sind des Jahrhunderts größter Geist —

Sully (einfallend). Nicht weiter,
Sire! Ich vergaß schon, daß mein König mich
Für einen Augenblick verkannt. Ich bin
Der Alte noch, Sire, bin der Sully, der
Ich Ihnen stets gewesen.

Heinrich. An mein Herz,
Du treue Seele! Neu erstarkt durch Dich
Beginn' ich nun mein hohes Werk. Trag' Sorge,
Daß sich die Abgesandten aller Staaten,
— Nur Einen, Don Toledo, nehm' ich aus, —
Und alle Großen meines Reichs im Thronsaal
Versammeln.

Sully. Sire, es soll geschehen!
(Er verbeugt sich und schreitet gegen den Hintergrund.)

Heinrich (wendet, wenn er bereits an der Thüre im Vordergrunde links angekommen, sich nochmal um und ruft). Sully!
(Sully kommt zurück.)
Es könnten Zeiten kommen, wo' Verdienste
Nur in des Reichthums Glanz noch Geltung finden.
Ihr Gut ist klein! Drum schlage ich Bethune
Und Rosny noch dazu, und grüße Sie
Als Herzog Max den Ersten und Stammvater
Des nun gefürsteten Geschlechts von Sully.

Sully. Sire!
Heinrich. Keine Antwort! Keine Widerrede!
Das schönste Denkmal dieser Stunde trage
Ich unvertilgbar hier, im eignen Herzen.
Vor der Welt belohne Sie die Herzogskrone! (Links ab.)

Sully (allein). O Heinrich, selbst in Deinen Schwächen bist
Du groß! Schlüg' solch ein Herz in jeder Brust,
Dann wär' auf Erden schon das Paradies.
(Im Hintergrund ab.)

Vierte Scene.

Concini und **Leonore Galigai** treten von der rechten Seite ein.

Concini. Der König ging ins Cabinet. So bleibt
Denn dies Gemach jetzt leer! — Nun merke wohl
Auf Deine Rolle! Wenn sich die Marquisin,
Die schon zum Thor hereinfuhr, wieder meldet,
So bring' sie hierher!

Leonore. Ins Gemach des Königs?
Das wag' ich nicht.

Concini. So will's die Königin.
Leonore. Auf Deinen bösen Rath!
Concini. Was kümmert Dich's,
Auf wessen Rath sie hört! (Die Thür rechts wird von Innen geöffnet.)
Hinweg! Sie naht.
(Beide durch die Mitte ab.)

Fünfte Scene.

Marie von der rechten Seite kommend. Später **Henriette**.

Marie (allein). Sie vorzulassen, wehrt mein Haß. Neugierde
Bestimmt mich, ihr Geheimniß zu erforschen,
Das wichtig sein muß, weil sie ihren Stolz
Darob so ganz verläugnet, daß, schon zweimal
Zurückgewiesen, jetzt zum Drittenmal
Sie kommt. Drum laß' ich hier mich überraschen.
Dann heißt's: sie wollte sich zum König drängen,
Und fand die Königin, die zürnend ihr
Den Weg vertrat.

Henriette (unter der Thüre im Hintergrunde erscheinend, nach außen).
    Vergessen Sie nicht ihr zu sagen,
Daß keine Sorge um m e i n Schicksal her
Mich führt!

Concini (unsichtbar). Es wird geschehen.

Henriette (noch in der Tiefe). Gut.
(Vortretend und die Königin erst jetzt gewahrend, überrascht und erschrocken für sich.)
    Sie selbst
Schon da? Weh mir! Mein Vorsatz wankt und neu
Erwacht der alte Groll.

Marie (sarkastisch).   Marquisin,
Sie haben wohl in d i e s e m Cabinet
N i c h t m i c h gesucht!

Henriette (mit aufwallendem Zorn). Madame!

Marie (ihr stolz gegenübertretend).   Ihre Königin!

Henriette (mit Würde).
Die ich verehre, selbst wenn würdelos
Sie spielt. Kein Schalk des Zufalls führt uns h i e r
Zusammen. Ich durchschaue Ihr Gewebe,
Und brauche nicht mich zu vertheidigen,
Um diesmal rein vor einer Freolerin
Zu stehn.

Marie (sich gegen den Ausgang wendend).
  Noch gibt es Mittel, gegen einer
Gestürzten Thörin Ungebühren mich
Zu schützen.

Henriette. Bleiben Sie! Ich zittre nicht
Vor Ihrer Drohung. Bleiben Sie, ich bitte!
Es ist gefährlich, eine Rasende
Zu reizen.

Marie (wendet sich wieder um und bleibt, die Marquisin mit finsterm Blicke betrachtend, einige Augenblicke schweigend stehen).
    Eine Rasende? Wie? wollten
Sie nicht mir ein Geständniß machen, das
Nicht Ihnen, mir nur könnte nützlich werden?
Und dennoch war Ihr erster Blick ein Dolchstoß?
Der Seltsamkeit des Auftritts wegen will

     Ich bleiben — will es, weil es mich ergötzt,
     Zu hören, wie ein solcher Anfang endet!
Henriette (für sich).
     O Geist des edeln Heinrich, leuchte mir,
     Daß dieser Spott nicht meinen Sinn verwirre!
       (Sich der Königin nähernd.)
     Madame, ich kam, Sie zu versöhnen.
Marie.   Mich?
   Aus Freundschaft?
Henriette.   Nein, Madame! Ich hasse Sie.
Marie. Sie hassen mich, und bitten um Versöhnung?
Henriette. Ich hasse Sie, und suche dennoch Ihre
   Versöhnung.
Marie (nicht ganz ohne Mitgefühl).
     Sie sind krank, Marquisin. Senden
   Sie nach la Riviere! Die Königin
   Versteht Ihr Uebel nicht zu heilen.
Henriette.   Ja Sie
   Verstehn mich nicht.
    (Für sich.)   Weg, feige Thräne, weg
   Vom schwachen Aug'! Er liebte mich und ging
   Und — weinte nicht.
    (Laut.)   Madame, Sie sind vermählt
   Mit König Heinrich —
Marie (einfallend).   Spät erinnern Sie
   Sich dessen.
Henriette (ohne Unterbrechung fortfahrend).
     Und entbehren seine Liebe.
Marie. Von Ihnen dies, Verruchte? Fort! Der Zorn
   Der Töchter Medici ist tödtlich Gift.
Henriette (nach einer Pause heftigen innern Kampfes).
   Madame, ich fühle, daß ich bitter war.
   Bei Gott! ich wollte Sie nicht kränken. O,
   Vergessen Sie für eine Stunde, wer
   Ich bin, und hören Sie den schlichten Sinn
   Nur meiner Rede, nicht die Rednerin! —
   Sie sind nicht glücklich, können, können es
   Nicht sein: denn Liebe heißt des Weibes Leben,
   Und die Vermählung brachte Ihnen nur
   Die Einsamkeit, nicht Ihres Gatten Herz.
Marie. Sie wollen mich nicht kränken? Dennoch halten
   Sie mein bejammernswerthes Schicksal mir
   Vor Augen?
Henriette (einfallend). Um es zum beneidenswerthen
   Zu machen. König Heinrich, groß und stark
   In tapfern Thaten, von den ersten Helden
   Der Zeit bewundert, trägt in seiner Brust
   Die Welt der zarten Innigkeit des Weibes.
   Auch seines Lebens Element heißt Liebe!
Marie (einfallend). Die einer Abenteurerin gehört.

Henriette. O Himmel, gib, daß ich dies schweigend trage! —
Madame, er hat geliebt, mit Innigkeit
Geliebt, geliebt mit himmlischen Gefühlen.
Das aber ist vorbei. Der Todeskranz
Sank auf die Paradiese unsers Glückes,
Und eine Sterbende vertrau' ich Ihnen
Mein Testament.

Marie. Ihr Testament?

Henriette. Das Buch,
Aus dem ich Heinrichs zarte Liebe lernte,
Ich lege es in Ihre Brust.

Marie. Aus Haß?

Henriette. Was mich bewog zu diesem Schritte, bleibt
Geheimniß zwischen mir und meinem Gott.

Marie. Sie zeigen mir ein seltsam Wesen, das
Zugleich mich fesselt und erschreckt.
(Sich setzend.) Eröffnen
Sie denn Ihr räthselhaftes Herz!

Henriette. Mein Herz
Nicht, nur das Buch von Heinrichs hoher Liebe
Versprach ich seiner Gattin zu enthüllen. —
Madame, auch die Alltäglichkeit umschlingt
Mit einem Band zwei Menschen oft fürs Leben:
Es wird in niedern Sorgen groß und stark,
Und gleicht dem Gras auf rauhem Feld, das nährt
Und Sturm und Schauer kann ertragen! Wer
Nie in die Paradiese sah von zwei
Verwandten Herzen, nennt dies Liebe!
Doch König Heinrichs zarte Liebe gleicht
Nicht jenem rauhen Halm: sie ist die Rose
Des Gartens. Rosen, deren reife Blüthen
Der rauhe Sturm zerzaust, entblättern sich
Und brechen vor der Zeit. — Madame,
Sie waren Heinrichs Sturm, nicht Heinrichs Sonne!
Nie sahn Sie Heinrichs Liebesrose sich
Entfaltend blühen, weil Sie für ihn nie
Empfunden.

(Marie macht eine rasche Bewegung und verhüllt ihr Gesicht; Henriette, dies bemerkend, fährt mit unsicherer, zitternder Stimme leiser fort.)
Oder — könnte ich mich täuschen?
Wär' Ihre Kälte nur der Wiederschein
Des tief verletzten Herzens? Dann — Verzeihung,
Madame! Das wußt' ich — wußt' ich wahrlich nicht.

Marie. Verschenkte je ein fühlend Weib die Hand
Mit stummem Herzen?

Henriette (für sich). Himmel, segne sie
Für dieses Wort!
(Laut.) Madame, ich hasse Sie
Nicht mehr.
(Sie nähert sich der Königin und ergreift deren Hand; Marie läßt es mit abgewendetem Gesichte ruhig geschehen.)

Sie lieben Heinrichs Majestät,
Und kennen Heinrichs Seelengüte nicht?
(Die Hand der Königin behaltend, setzt sie sich in etwas niedrer Stellung neben dieselbe.)
Wenn wieder er sich nähert, zeigen Sie
Ihm dann nicht mehr dies kalte, stolze Weib!
Nicht dies beleidigte Gemüth! Nicht mehr
Dies stumme Herz, das doch nicht stumm ist! Lächeln
Sie mit ihm, wenn er lächelt! Scherzen Sie,
Wenn seine Seele sich am Scherz ergötzt!
Dann naht er Ihnen, hält so Ihre Hand,
Schlingt so den Heldenarm um Ihren Nacken,
Spielt so mit Ihrem Lockenhaar, — und wenn
Sie seine Stimme hören, glänzt Ihr Auge,
Ihr Mund neigt lächelnd sich herab auf ihn
Zum Friedenskuß, zum Kusse der Versöhnung.
Die Brust wallt auf in nie geahnten, höhern
Gefühlen einer geistigen Natur,
Wenn seines Innern tief empfindendes
Gemüth die Schöpfung einer mildern Zeit
Vor Ihres Geistes Blick entfaltet! wenn
Sie sehn, wie Heinrich, der Erkorne unsers
Jahrhunderts, aus der Menschheit Liebesbanden
Für kommende beglücktere Geschlechter
Das Ideal des neuen Baues schuf!
Solch Weib zu werden, so den hohen Preis
Der Weiblichkeit zu fühlen, groß in Heinrichs
Beglückter Liebe sich zu fühlen, das
Ist mehr, als Erdenseligkeiten.

Marie (die während der letzten Worte den Blick finster auf Henriette gerichtet hielt).
Henriette,
Sie malen einen Himmel, den Sie mir
Gestohlen!

Henriette (aus tiefer Brust für sich).
Den Himmel, der mein Herz gebrochen.

Marie (fortfahrend). Und wer — wer bürgt, daß nicht aus Eigennutz
Sie eine Großmuthsscene spielen? Sollte
Ich zu des Königs Gunst für Sie die Brücke
Neu zimmern? ich wohl Ihr Entsagen preisen?
Marquisin, derlei Künste sind veraltet!

Henriette (sich mit Selbstgefühl und Entrüstung erhebend).
Dank, Königin, für diese Antwort! Dank!
Sie nimmt die Sünde weg von meinem Haupt:
Ich raubte keiner würdigern den Platz
In Heinrichs Herzen, und beneide Sie
Im Sterben nicht um Ihre goldne Krone.

Marie. Marquisin!

Henriette. Meine Sendung ist zu Ende.
(Rasch durch die Mitte ab.)

Marie (allein). Sie hört mich nicht mehr — sie verachtet mich!
Ich Thörin, die ich auf Concini's Rath

Hier mit Gefühlen spielte und verlor, —
Zweifach verlor: die Selbstzufriedenheit
Mit dem, was ich, ihn zu erringen, that,
Und das Vertrauen auf mein gutes Recht.

Sechste Scene.
Villeroi. Marie.

Villeroi (von der linken Seite eintretend).
Verzeihung, hohe Königin! Der König,
Der eben in den Thronsaal sich begab,
Entsendet mich als Boten froher Nachricht —
Marie (einfallend).
Was wünscht mein Gatte?
Villeroi. Unerwartet schnell
Muß er sich an die Spitze seines Heeres stellen.
Drum will, mit einem weisen Rath zur Seite,
Er zur Regentin Frankreichs Sie erheben,
Und eh er scheidet, noch in Notre Dame
Ihr Haupt mit Frankreichs Krone zieren.
Marie (nach einer beredten Pause). Melden
Sie ihm, daß seine Sendung herzlich mich
Erfreute.
(Villeroi verbeugt sich und geht links ab.)

Siebente Scene.
Marie. Später Concini.

Marie (allein). Er erhebt mich zur Regentin,
Und weiß, daß gern ich herrsche! Wäre dies
Ein Wink zur Sühne? Wäre es vielleicht
Ein Erstlingszeichen neu erwachter Liebe?
Der Liebe? Weshalb kam er denn nicht selbst?
Doch wie? Was hindert mich denn, ihm zu nahen?
Gab nicht er eben mehr, als ich erwartet,
Je zu erwarten hatte? Eitler Stolz,
Der mir und ihm nur bittres Leid geschaffen,
Beug' dich dem Drang, des Weibes Pflicht zu üben!
Zu ihm, zu meinem Gatten, zur Versöhnung!
(Da sie abgehen will, begegnet ihr der eben eintretende Concini.)
Concini. Sie sprachen einen Boten von dem König,
Und die Marquisin ging erhitzt hinweg!
Sie haben ihren Hochmuth wohl gezüchtigt?
Marie (für sich). Concini, der bisher den Stoff zum Groll
Mir zutrug.
(Laut.) Dreister Sklave, frage nie
Nach Dingen, die ich Dir nicht will vertraun!
Concini. Aus welcher Ursach', Königin, verdiente
So rasch ich meiner schönen Herrin Zorn?

Marie. Soll sich mein Zorn für Dich zur Nachsicht neigen,
So sei nie mehr das peinliche Register
All' der Gerüchte über meinen Gatten,
Und lerne Deines Königs Tugend rühmen! (Rechts ab).
Concini (während die Königin abgeht, für sich).
So stehen wir? Wohlan denn: zu Toledo!
(Durch die Mitte ab).

Verwandlung.

Thronsaal.

In der Mitte der Thron. Neben demselben in schräger Richtung gegen die Coulissen auslaufend die Plätze für die fremden Gesandten und die Hofherren. Im Vordergrunde rechts auf einem Piedestal die Statue des Königs Franz II., und ein Tisch mit verschiedenen Schriften und Pergamenten. Im Vordergrunde links, ebenfalls auf einem Piedestal, die Statue des Königs Heinrich III., und ein Fenster.

Letzte Scene.

Von der linken Seite treten auf: **Des Alymes** mit den Gesandten von Toscana, Dänemark, Schweden und einigen andern Staaten. Von der rechten Seite der Herzog von **Anhalt** mit den Gesandten von Holland, Ungarn, Böhmen, Polen, Großbritannien, Venedig und der Schweiz. Durch die Mitte links dem Thron: der Herzog von **Epernon** und der Kanzler **Villeroi** mit andern Hofherren. Durch die Mitte rechts dem Thron: **Heinrich** im königlichen Schmuck, begleitet von seinem Hofstaat und dem Herzog von **Sully**.

Anhalt (zu den Gesandten in seiner Nähe).
Den Kopf zum Pfand: Heut gibt er das Signal.
Des Alymes (auf der andern Seite zu den Gesandten in seiner Nähe).
Es wird ein heißer Kampf.
Epernon (zu Villeroi). Wär's auch das Kühnste, —
Ich zweifle fürder nicht an dem Gelingen.
(Trompetenfanfare. Heinrich tritt ein.)
Heinrich (auf dem Thron). Euch, edeln Herrn, entbiet' ich meinen Gruß.
Vorerst, zu meines Werks Beginne, dies:
An Frankreichs Grenzen gegen Deutschland brach
Um den Besitz von Cleve, dessen Herzog
Jüngst kinderlos ins Grab der Ahnen sank,
Ein blutiger Kampf aus. Deßhalb schlage ich
Das herrenlose Leh'n zum freien Holland,
Und thu' Euch kund, Gesandten aller Fürsten:
Von heut an steht der jugendliche Freistaat,
Dem ich den Namen der „vereinigten
Provinzen von den Niederlanden" gebe,
Auf gleicher Rangesstufe mit den Kronen.
Des Alymes. Welch Recht gestattet Frankreich, über Länder
Zu schalten, die ihm niemals angehörten?
Heinrich (gegen Des Alymes).
Dasselbe Recht, mit dem ich Ihrem Herzog

      Den Thron der Lombardei, die jetzt noch eine
      Provinz von Spanien ist, versprach.
Des Alymes.   Das hatte
      Gar guten Grund. Die Lombardei gehört
      Uns zu als unsrer Fürstin Morgengabe.
Heinrich. Ich kenne keine Völker, die man Weibern
      Zur Mitgift in das Brautbett legen könnte.
      Geduld nur, Herr Gesandter von Savoyen,
      Sie lernen bald die wahre Ursach' kennen. —
      Auch meinen treuen Nachbar gegen Osten
      Bedacht' ich heut mit einer neuen Schenkung:
      Was innerhalb der Alpen Grenze liegt,
      Sei fortan Eigenthum der freien Schweiz.
Des Alymes. Wer es nicht hörte, kann das nimmer glauben:
      Ein Fürst, der neue Republiken macht
      Und alte flickt!
Heinrich.   Wohl, des Alymes, ich f l i c k e,
      Damit der Greuel der Despoten nicht
      Die Monarchieen stürze. — Edle Herrn,
      Soll Eurem Blicke ich das wüste Bild
      Der Gegenwart entrollen? Wißt Ihr nicht,
      Daß in den Ketten einer finstern Macht
      Der Erdball dröhnend nur sich fortschleppt; daß,
      Von ihr gefesselt, selbst die beßre Mehrzahl
      Der Fürsten, so wie insgesammt die Völker,
      Gemeinsam schmachten in verhaßtem Joch?
      Gesetzlos walten frommer Trug und schnöde List.
      Drum greif' ich in der Zeiten dunkle Räthsel,
      Wie Alexander einst in sein Orakel,
      Euch also meldend: Jeder Volksstamm
      Mit den verwandten Nachbarstämmen bilde
      Von heute an e i n Reich, das unabhängig
      Im Innern sei von jedem fremden Einfluß,
      Und mit den neuersteh'nden Reichen
      Nach Außen gegen der Gesittung Feind
      Zu Schutz und Trutz auf ewig sich verbinde!
      Mit dieser Satzung stürz' ich Philipps Weltmacht
      Und seine finstre Inquisition.
      Gebrandmarkt sei in christlichen Gebieten
      Von heut an der Eroberer Waffe!
      Gebrandmarkt der Despoten Uebermuth!
      Gebrandmarkt die Verletzung der Gesetze!
      Gebrandmarkt jeder Friedensbruch im ganzen
      Bereich der Christenheit! Den schönern Bund
      Der Eintracht und der Liebe zwischen Fürsten
      Und Völkern will ich unauflöslich schließen,
      Will einen Felsen bauen für die Menschheit,
      Daß fortan auf dem Erdenrund nicht m e h r,
      Und auch nicht w e n i g e r als nöthig ist,
      Regiert darf werden.

Des Alymes (zu seiner Umgebung). Viel in kurzer Rede:
Er macht aus sich den Herrn, aus uns Vasallen.
Anhalt. Die Deutung ist des Königs Worten fremd, —
Zur goldnen Freiheit strebt sein Sinn.
Des Alymes. Zur Freiheit?
Die hofft Ihr von ihm? Sind denn Europa's
Monarchen schon die Diener Frankreichs? darf
Von diesem Thron man ihnen solches bieten?
(Gegen Heinrich).
Sire, wie, — wenn wir uns Ihrer Satzung weigern, —
Wie wollen diesem Plan Sie Lebenskraft
Verleihen?
Heinrich. Wie? Schaut dort den dritten Heinrich,
Den letzten Valois! Ihr wißt, er sah bei Lebzeit
Das Diadem auf seinem Haupt zerbrechen,
Und Niemand weinte, als er unterging.
(Er steigt rasch vom Thron und stößt die Statue um, so daß sie, rückwärtsfallend, mit einem dumpf nachdröhnenden Hall hinter dem Piedestal verschwindet*); dann wendet er sich wieder gegen die Gesandten.)
Den Thron, der widerstrebt, zerschmettre ich,
Wie ich dies Bild aus Thon zerschmettert. Bebt Ihr?
Bleibt Alle ruhig! Noch zertrat ich keine Krone, —
Ich selbst bin Fürst, ich liebe meinen Schmuck,
Und raube keinem, was ich lebend mir
Nie würde rauben lassen. Doch — weh dem,
Der sich mit frecher Hand vergreifen könnte
Am ernsten Wendepunkt der Zeit!
(Er wendet sich wieder gegen das leerstehende Piedestal).
Des Alymes (zu seiner Umgebung). Der Löwe
Regt seine Tatzen, — wahrt Euch!
Heinrich (gegen das Piedestal gekehrt). Das that ein König,
Und mögen es die Völker nie vergessen,
Daß es ein König war, der so weit ging!
(Sich wieder gegen die Gesandten wendend.)
Wie ich dem Plane Lebenskraft verleihe?
Erlauchte Herrn, wähnt Ihr im Ernst, ich setzte
Mein Lebensziel auf diesen einen Wurf,
Wenn ich von Euch die Macht erbetteln müßte?
(Er tritt rasch an den Tisch und ergreift eine aus mehreren Bogen bestehende Urkunde, die er während des Folgenden durchblättert.)
Schaut meines Planes fürstliche Genossen
Voran den höchsten Herrn der Christenheit
Auf Petri Stuhl! Jakob den Dritten, Englands
Gebieter! Den gefürchteten Oranien!
Die Fürsten von der Pfalz, von Brandenburg,
Von Mainz und Köln! Die Herzoge von Bayern
Und Württemberg mit zwanzig andern Fürsten!
Schaut hier aus allen Marken unsers Bundes
Viertausend Edelleute, die Geachtetsten

---

*) Die Vorkehrung ist so zu treffen, daß die Statue lautlos auf weichen Grund fällt. Der Schall muß vom Inspicienten unter dem Podium gemacht werden.

Des Adels! Hier zweitausend Namen,
Die Weisesten der ganzen Christenheit!
Der Wissenschaften hohe Macht send' ich,
Ich sende Eure Völker gegen Euch!
Der Tag, da ich aus Frankreichs Marken trete,
Gibt ein Signal für meine Bundsgenossen,
Das donnernd durch Europa widerhallt.
Der Niederländer greift zum Schwert; die Ungarn,
Die Polen und das deutsche Reich stehn auf
Für ihre alten Privilegien!
Die Revolution schlägt Sturmeswogen,
Die kühnste, welche je der Erdball sah, —
Die königliche Revolution!*)
Das ist kein Kampf mehr zwischen g l e i c h e n Mächten:
Ich ziehe triumphirend durch den Erdtheil,
Und E u r e stolzen Zinnen sind nicht mehr. (Kleine Pause.)
Geht nun! Ich habe weiter nichts zu sagen.
Doch eh der Hauptstadt Ihr den Rücken wendet,
Erwartet meine schriftlichen Befehle.
(Er tritt, den Blick ins Freie richtend, in die Nähe des Fensters.)

Des Alymes (im Abgehen zu seiner Partei).
Toledo fehlte. Laßt zu ihm uns eilen!
(Alle ab, mit Ausnahme des Königs).

Heinrich (allein). Wie roth die Sonne untergeht! Die Arbeit
Des Lichtes ist vollbracht, und die Gestalten
Der Finsternisse greifen in ihr Werk.
Sei ruhig, Menschheit! Noch e i n Sturm, ein letzter, —
Dann ziehst du in die Felsenburg des Rechts,
Frischblüh'nder Sprößling göttlichen Geschlechts!
Dann kehrt dir ewig Friede, ewig Glück,
Dir kehrt der Tugend goldne Zeit zurück.

(Der Vorhang fällt.)

---

*) Bühnen, welche an der geschichtlichen Hindeutung auf Ungarn, Polen und die königliche Revolution Anstoß nehmen sollten, können statt obiger Stelle:
„Der Niederländer greift" u. s. w. bis: — gleichen Mächten"
folgenden Uebergang machen:
„Voran durch morsche Schranken stürmt der Löwe;
Und hinter ihm, der Bande ledig, rächt
Des Erdtheils jugendlicher Staatenbund
Die Schmach der lang ertragnen Sklaverei.
Das ist kein Kampf mehr zwischen" u. s. w.

Fünfter Act.

Ein Salon im Louvre.

Im Hintergrund ein Säulenportal mit aufgezogenen Vorhängen, durch welches man die Aussicht auf einen mit Statuen und Gemälden gezierten Vorplatz hat. Eines der Gemälde stellt eine waldige Flußpartie mit einer Brücke dar. Rechts zwei Thüren, ein mit Briefen bedeckter Tisch und Stühle. Links in der Tiefe ebenfalls eine Thüre. Im Vordergrunde links ein Fenster und in dessen Nähe ein Sopha.

Erste Scene.

Heinrich an dem Tische sitzend und in das Lesen der Briefe vertieft. Gleich nachher **Sully**.

Heinrich. Gott, Licht in dieses Chaos!
(Sully tritt durch die Mitte ein. Heinrich steht auf.)
                                     Ah, Sully! — Ist
Das Heer schon in Bewegung?

Sully.   Muthig eilt
Der Adel mit den Reisigen und Knappen
Aus allen Gauen auf die Sammelplätze.

Heinrich. Und wir stehn müßig hier und feiern Feste!

Sully. Sire, Ihrer Gattin Krönungsfeier währt
Drei kurze Tage noch, dann folgen Sie
Dem Heere.

Heinrich.   Jeder Augenblick des Zauderns
Eröffnet neue Schlünde, jede Stunde
Wird mir zur Ewigkeit.   (Er tritt an den Tisch.)
                          Die heutige Post!
   (Einen Brief öffnend.)
Da schreibt der Gouverneur mir von Liege:
Er habe einen Boten aufgefangen,
Der eilig sich nach Deutschland werfen wollte,
Um, — hören Sie, es ist kein Traum, hier steht
Es deutlich Wort für Wort, — um dort mich todt
Zu melden. Der Gefangne stellt sich — stellt
Sich nur — wahnsinnig. (Er legt den Brief auf den Tisch zurück, entfaltet einen zweiten und nimmt ein beschriebenes Blatt heraus.)
                    Dies vom Bischof Albane.
Ich falle, also heißt es hier, durch einen
Bestellten Streich. (Er überreicht die Schrift dem Herzog.)
                    Der Bischof fand das Blatt
Im Kelche. All sein Forschen nach der Spur

Des Schreibers war umsonst.
(Auf den Rest der noch unberührten Briefe zeigend.) Da achtzehn Briefe
Von gleichem Inhalt. Prüfen Sie dieselben!
Ich mag sie nicht zum Zweitenmale lesen.
(Sully tritt an den Tisch und überfliegt während des Folgenden mehrere Briefe.)
Es war mein Dämon, der zur Krönung mich
Zurückhielt in Paris, eh nach dem kühn
Gesprochnen Worte ich durch rasche That
Der Schlange Kopf zertreten. Ständ' ich mitten
Schon in des Krieges Lauf, so würde mir
Heut wohler sein, als hier bei Festgelagen.

Sully. So freudenleer dünkt Ihnen eine Feier,
Durch welche Sie die Gattin neu gewonnen?

Heinrich. Mein Freund, nicht jeglicher Besitz erheitert.
(Mehr und mehr für sich hinträumend.)
O daß in diese Liebesfeier nicht
Das gramerfüllte Antlitz Henriettens,
Nicht Birons Schatten noch herüber starrten!

Sully. Ist's möglich, Sire! Die wohlverdiente Strafe
Der Landverräther ängstigt Ihr Gewissen?

Heinrich. Sie wären nie so tief gefallen, hätte
Ich ihre ersten Fehler königlich
Gezüchtigt, statt schwachherzig sie verziehn.

Sully (die Papiere zu sich nehmend).
Sire, dieser Briefe Inhalt legt die Pflicht
Mir auf, sogleich die Wachen des Palastes
Zu unterrichten.

Heinrich. Thun Sie das, mein Sully!
Wir treffen später uns im Festsaal wieder.
(Beide wenden sich zum Abgehen um; Heinrich hält nach einigen Schritten betreten inne, auf ein Oelgemälde hinstarrend.)
Seltsam! Die Brücke dieses Wandgemäldes
Erinnert stets mich an Johann von Isle.

Sully. Das kommt daher, weil jene Jagdpartie,
Auf der Johann von Isle einst mit dem Dolche
Sie überfiel, der waldbedeckten Landschaft
Auf diesem Bilde gleicht.

Heinrich. Er wähnte sich
Den Herrn der Welt und wollte mich bestrafen,
Weil ich ihm Frankreich ungerechter Weise
Entrissen! War's nicht so mit seiner Tollheit?

Sully. Wohl, Sire, er starb mit diesem Wahn im Tollhaus.

Heinrich. Ich habe seines irren Anfalls nie
Gedenken können, ohne daß er mir
Wie eine Warnungsstimme vorkam, daß
Der Bau der Inquisition auch Fürsten
Zerschmettre, die sich ihm entgegenstemmen.
Sully, wenn jetzt ich, in Paris hier, fiele —

Sully. Sire, möge gnädig Sie der Himmel schützen!

Heinrich. Sie wissen, daß der Pfad, auf dem wir wandeln,
Ein schmaler Fußsteig jäh am Abgrund ist,

Hoch über den gewohnten Bahnen unsers
Alltäglichen Geschlechts. Von Ihnen darf
Ich eines Mannes offne Antwort fordern.
Wie ständ' es mit Europa, wenn ich fiele?

Sully. Wenn Sie zu früh vom Schauplatz schieden, Sire,
Dann sänke rasch Ihr Bau in Nichts zusammen.

Heinrich (tief bewegt). In Nichts! (Kleine Pause).
Wohl denn, belehren Sie die Wachen!
(Sully durch die Mitte ab.)

Zweite Scene.

Heinrich, allein.

Heinrich. Nichts, nichts, das mich zu überleben Kraft
Besäße, — nichts, als die Erinnerung
An einen königlichen Freiheitstraum!
(Nach einer Pause tiefster Erschütterung.)
Und hätt' ich deßhalb nur mich unterfangen,
Der Genius zu werden einer Welt,
Daß Hirngespinnste mich und Ahnungen
Am nahen Ziel im Laufe hemmen dürften?
Weg, bange Sorge! Unaufhaltsam trieb
Bis heut mich eines höhern Geistes Flug.
Was dem Jahrhundert unausführbar schien
Und übermenschlich hoch, — ich hab' es kühn
Begonnen. Voran denn zur Entscheidung! Ich
Will Alles oder, wenn mein Schicksal ruft,
So will ich würdig fallen. (Rechts ab).

Dritte Scene.

Toledo tritt gedankenvoll von der linken Seite ein. Gleich darauf
Concini.

Toledo (allein). Mag's geschehen!
Zwei Welten sind es, die sich hier bekämpfen,
Und nicht für beide hat die Erde Raum.

Concini (aus dem Hintergrunde heranschleichend).
Don de Toledo, auf ein Wort!

Toledo. Was soll's?

Concini (nachdem er sich rechts und links umgesehen, für sich).
Die Seitengänge leer — wir sind hier nicht
Behorcht. (Näher herantretend).
Ich komme, meinen Dank zu bringen,
Weil Sie mit der Regentin wieder mich
Versöhnt.

Toledo. Damit ist Dir gar wenig noch
Gedient; sie und der König sind jetzt Ein's,
Und bei dem König bist Du schlimm empfohlen.

Concini. Geduld! Der König zieht bald ab.

5*

Toledo.	Ja, er

Verläßt Paris, behält jedoch die Zügel
Hier fest in Händen.

Concini.   All dies kann sich ändern.
Toledo. Wie so denn? wie?
Concini.   Unvorgeseh'nes kann
Geschehen. *(Noch näher tretend, leiser und vertraulich).*
    Ohne Rückhalt, Don Toledo!
Die Spanier sind verloren, wenn der König
Mit seinem Heer in Flandern ankommt! Nicht?
Toledo. Willst Du uns retten?
Concini.   Hören Sie mich an!
Seit Kurzem lebt hier in der Vorstadt Saint
Antoine ein Schwärmer Namens Franz Ravaillac,
Verlegt sich auf Astrologie und Mystik,
Und liest aus den geheimnißvollen Zeichen,
Daß noch zu großen Werken er bestimmt sei!
Ravaillac hat ein Schwesterchen, ein Kind,
Deff' Feinheit, schlanker Wuchs und Sitteneinfalt
Die liebeskranken Männer stärker anlockt,
Als e r durch Häßlichkeit die Weiber schreckt!
Von einem Abenteurer, den sie nicht
Erkannt, ward kürzlich diese Schwester Nachts
Gewaltsam —
Toledo *(einfallend).*   Was soll die Geschichte mir?
Zur Sache!
Concini.   Sie gehört zu unsrer Sache.
Ravaillac schwur blutige Rache, Tod
Und ewiges Verderben dem Verführer.
Dies schien mir just der Augenblick, — drum ließ
Ich durch Lafin die Lüge ihm vermelden:
Die Schwester sei vom König selbst verführt —
Toledo *(einfallend).* Und das erzählst Du mir? Ha — Du verdientest
Daß ich Dich den Gerichten übergäbe.
Concini. Toledo thut das nicht, denn ich war schlauer
Als Sie vermuthen. Hören Sie das Ende!
Kaum hatte sich Lafin des Auftrags klug
Entledigt, gab ich ihm mit eigner Hand
Den Rest und warf ihn in der Seine Abgrund.
Toledo. Wo ist Ravaillac?
Concini.   Seinen Dolch im Wamse, eilt
Er, ein Besessner, durch Paris und sucht den König.
Toledo. Elender, was hast Du gethan!
Concini.   Ich hoffe,
Nur was Don de Toledo selbst gewollt.
Toledo. Beim Allgerechten, nie, nie hab' ich Solches
Gewollt! Durch feine Klugheit solltest Du
Den allzu kühnen Geist des Königs hier
In seinem eignen Land beschäftigen helfen.
Vom Mörder wend' ich mich mit Abscheu ab.

Concini. Toledo! —
Zwar gaben stets Sie nur unklare Winke,
Doch klärte über Ihre Absicht mich
Ihr Freund, der Prinz von Bouillon deutlich auf.

Toledo. Willst Du durch eines Todten Zeugniß mich
Belasten?

Concini. Wie? Prinz Bouillon lebt nicht mehr?

Toledo. Wenn er, wie Du behauptest, that, so traf
Ihn das verdiente Schicksal: Ein Bandit
Hat in dem Lande der Savoyer ihn
Getödtet.

Concini. Ein Bandit? (Diabolisch auflachend.)
Nun denn, so will
Ich laut verkünden, daß der fromme Spanier
Des Königs Mörder durch den Prinzen Bouillon
Bestellte und, um rein zu scheinen, jetzt
Durch eines Gauners Hände auch den Prinzen
Erschlagen ließ.

Toledo. Und an die Rolle, welche
Bei der Verkündigung Du selbst wirst spielen,
An diese denkst Du nicht?
(Concini, der sich entfernen wollte, bleibt plötzlich wieder stehen).
Geh, liefere
Dich an den Galgen!

Concini. Don Toledo! — Noch —
Noch steht es bei mir, Alles ungeschehn
Zu machen.

Toledo. Thu' das, wenn Du kannst!

Concini (wüthend mit gedämpfter Stimme für sich). Verwünscht!
(Beide im Hintergrund zu verschiedenen Seiten ab).

Vierte Scene.

König **Heinrich** und Königin **Marie**, beide von der rechten Seite
kommend.

Heinrich (rasch und erregt eintretend).
Auch hier nicht? Klang es doch von dieser Seite!

Marie (zärtlich und ängstlich).
Was, mein Gemahl?

Heinrich. Ein geller Laut, der nicht
Aus eines Menschen Kehle drang, und doch
Der Stimme eines Mannes glich. Vernahmst
Du nichts?

Marie. Nichts, mein Gemahl.

Heinrich. Seltsam, bei Gott! Ein Ton
Den außer mir noch Niemand hat vernommen.

Marie. Betrachte ihn als gute Vorbedeutung!

Heinrich (mit einem wehmüthigen Blicke ihr die Hand reichend).
Marie, mein Weib, mein liebes Weib, o könnte
Ich frei wie Du der Sorgen mich entschlagen!

Marie. Du zweifelst doch nicht mehr an meinem Herzen?
Heinrich. An Deinem Herzen nicht, doch an des Glückes
Bestand. Es gleicht dem Schmetterling, der, kaum
Gehascht, schon neckisch unsrer Hand entschlüpft.
Marie. Mein Heinrich, sprich nicht wie ein Sterbender!
Heinrich. Ich dachte eben an Vergangenes.
Nie standen wir, noch nie, wie jetzt, beisammen, —
Wir haben viel versäumt. (Plötzlich mit in die Tiefe gerichtetem
Blicke zusammenschauernd). Schon wieder!
Marie. Was?
Heinrich. Dort die Erscheinung! O, mir ist's, als schmölze
Auf meinem Haupt das goldne Diadem,
Und lösche mir der Augen Sterne aus.
Marie. Was überkommt Dich?
Heinrich. Sieh nur, sieh! Die Wand
Wird roth wie Blut.
Marie. Es ist der Widerschein
Nur, den die Sonne durch das Glasgemälde
Auf jene Bilder wirft.
Heinrich. Nein, das geht nicht
Natürlich zu. Der Schein hat Klang und Leben!
Wie häßlich jener Kopf herüber stiert!
Den Dolch daneben! und auch ich, ich selbst,
Ich leibhaft, wie ich hier bin!
Marie. Kennst Du Dein
Portrait nicht, das dort in der Ecke hängt?
Heinrich (ohne darauf zu achten).
Und weiter rückwärts noch zwei andre Männer
In goldgesticktem Kleid und im Talar.
Marie. Toledo's und des jüngst verstorbnen letzten
Großinquisitors wohlgetroffne Bilder.
Heinrich (rasch einwerfend). Ja der Großinquisitor starb zwar, aber
Er nahm den Stab der Inquisition
Nicht mit sich in das Grab. — Sieh, jetzt bewegt sich's!
Marie. Welch aufgeregte Phantasie!
Heinrich (noch in die Tiefe starrend). Ein Geisterzeichen,
In dem sich über meinem frühen Grabe
Der Menschheit nacktes Elend mir entschleiert!
Marie (ängstlich werdend).
Ein Geisterzeichen, welches Dir nur vorschwebt
In kenntlicher Gestalt?
Heinrich (ohne darauf zu achten, für sich hin).
Als Herold eilt
Die Phantasie dem Werdenden voran,
Und läßt uns manchmal unsre Zukunft ahnen.
Heut Nacht, in wilden Träumen, schwebte ich,
— Ein körperloser Hauch, — hin über Frankreich,
Und sah tief unter mir Jahrhunderte
Vorüberziehn. Hervor aus meiner Gruft
Stieg hoch und höher Bourbons Banner auf,

Und roth und röther färbte sich der Himmel.
Entfremdet meinem Geist, umflocht mein Stamm,
Allmälig weit und weiter greifend, Volk
Nach Volk mit eh'rnen Banden. Frankreich schien
Die Welt, die Bourbons schienen Herrn der Welt
Zu sein; und knirschend unter ihrem Joch
Erlag jedwede freie Lebenskraft.
So ging es fort durch viele Menschenalter.
Da drang ein schriller Laut durch Land und Meere.
Herüber aus dem fernen Westen schwebte
Hoch in den Lüften eine blendende
Gestalt, aus langem Schlaf die Menschheit weckend.
Jetzt plötzlich öffnet Aeolus die Schleußen;
Und unter Donnern, gleich als ob den Erdball
Sie aus den Fugen sprengte, stürzt die hehre
Gestalt hernieder auf mein Frankreich, dort
Zerfließend in ein Feuermeer, und Brand
Und Mordlust zeugend in dem ganzen Reiche.
Entsetzt verschließe ich mein Aug', jedoch
Mein Ohr vernimmt aus tobendem Getöse
Posaunenlaut den grauenhaften Spruch:
„Verworfen!" Endlich wird es wieder still;
Und da noch einmal nieder auf den Erdtheil
Ich schaue, ist mein Grab entweiht, mein Thron
Zertrümmert; meine Enkel irren flüchtig,
Verhaßt, geächtet durch der Väter Reich;
Mein Lorbeer schmückt die Stirnen fremder Helden,
Und einem fremden Stamm gehört mein Erbe!
Doch herrscht, was ich vergebens suchte: Friede.

Marie. Ein doppelsinnig Traumbild, das vielleicht
Dich warnen wollte vor Gefahren, die
Uns leibhaft schon bedrohn. Laß Wachen rufen!
Heinrich. Wozu? Trifft diese Vorbedeutung ein,
Dann frommt kein Schutz; und log sie, dann bedarf
Ich keinen. — Gehn wir in den Festsaal, komm!

Fünfte Scene.

Die **Vorigen.** Herzog **Epernon** kommt rasch durch die Mitte; ihm folgen mehrere Hauptleute, welche jedoch unter dem Säulenportal zurückbleiben.

Heinrich. Wer naht da? Ist's nicht Epernon? —
Was führt Sie raschen Schrittes uns entgegen?
Epernon. Ein Bote kam so eben an vom Heer.
Die Spanier höhnen laut: „Was unsre Horden
Denn ohne Führer wollen? König Heinrich
Sei todt!" So reizen sie zum Abfall auf;
Und tausend Mann, der Lüge glaubend, sind
Bereits aus unserm Lager feig entflohn.

Heinrich. So frech, so greifbar schon bedrohet uns
Des Unholds Zischeln? Gut! Der Gegner, der
Gestalt und Körper hat, wie ich, befreit
Auch meine Seele von geheimem Banne. —
Noch heute will ich mich zum Heer begeben,
Will zeigen, daß der Sieger Heinrich lebt.
Man führe meinen Wagen vor! Sie gehn
Mit mir! Die Wachen bleiben hier zurück!
Ich ziehe unbewaffnet durch die Hauptstadt.
Der Feind erkenne, daß ich seine Schlingen
Verachte!

(Epernon geht in den Hintergrund und spricht still mit den Hauptleuten, worauf einer derselben in der Mitte und ein anderer links abgehen.)

Marie. Heinrich, bleib! Dir droht Entsetzliches.
Heinrich. Nein, nein! Ich will, ich muß dies Truggespinnst
Zerreißen. Fürchte nichts! Nur hinter Mauern
Schleicht die Gefahr wie ein Gespenst umher;
Des Louvre Wände gleichen einem Sarg.
Hier stockt mein Odem, draußen such' ich Luft,
Nur draußen unter freiem Himmel, unter
Dem Volke athmet freier meine Brust.

(Ein Page kommt von der linken Seite mit des Königs Helm.)

Marie. Ach Heinrich! Nie vielleicht — nie sehe ich
Dich wiederkehren. Dein Verhängniß treibt
Dich fort.
Heinrich. Nicht mein Verhängniß, meine Pflicht!
Leb' wohl, Marie! Gewiß, wir sehn uns wieder.

(Den Helm ergreifend.)

Gegen die Willkür kämpft der Geist zum Rechte
Hindurch sich auf der Freiheit Ruhmesbahn;
Ihm weht mein weißer Helmbusch im Gefechte
Zum herrlichsten der Siege stolz voran.
Dort oben thront die Allmacht, und auf Erden
Soll ihre Liebe Völkerkönig werden!

(Heinrich durch die Mitte, Marie rechts ab. Epernon folgt dem König. Schon während der letzten Worte ist Villeroi im Hintergrunde erschienen und tritt jetzt mit den Hauptleuten vor.)

Sechste Scene.

Villeroi mit einigen Hauptleuten. Gleich darauf **Henriette** todtenblaß hereinstürzend. Nach ihr **Sully.** Später **Epernon.** Zuletzt ein Page.

Villeroi (zu den Hauptleuten).
Das ist zu kühn! Er hat zu viele Gegner
Jetzt in Paris. Ich werde unsern Schritt
Vertreten. Folgt ihm wenigstens von Ferne
Mit den Leibgarden nach.

(Trommelwirbel hinter der Scene, die Abfahrt des Königs bezeichnend; dann tritt Henriette rasch ein.)

Henriette (aus der Tiefe rechts kommend). Wo ist der König?

Villeroi. So eben fährt er aus dem Thor des Louvre.
Henriette. O rufen Sie ihn schnell zurück!
Villeroi. Für Sie?
Henriette Es gilt sein Leben.
Sully (von der linken Seite eintretend). Sie, Marquisin, hier
　Im Louvre?
Henriette. Denken Sie jetzt nicht an mich —
　An ihn nur, Herzog Sully! Retten Sie
　Den König! Ich beschwöre Sie. Uns Allen
　Raubt schon der nächste Augenblick den Vater.
Sully (gegen Villeroi und die Hauptleute).
　Man melde rasch dem König diesen Vorfall,
　Und sende Wachen aus durch alle Straßen!
　　(Villeroi links, die Hauptleute durch die Mitte ab.)
　Marquisin, fassen Sie sich nun! Erklären
　Sie mir das Räthselhafte Ihres Hierseins!
Henriette. Ich saß, im Schmerz und in Gebet versunken,
　In der Dominikanerkirche Saint
　Antoine und glaubte mich allein in Gottes
　Geweihten Räumen, als durch einen Vorhang
　Seltsame Stimmen aus dem Heiligthum
　— Dem Beichtstuhl — meine stille Andacht störten.
　Ein Schuldbeladner, künftige Thaten beichtend,
　Erbat im Voraus Absolution,
　Und eiskalt drang das Wort des Mönchs und Sünders
　Mir durch das bange Herz, denn sie besprachen
　Heinrichs Ermordung.
Sully. Kannten Sie die Männer?
Henriette. Ich sah sie nicht und ihre Stimmen klangen
　Mir fremd; doch glaubt' ich wohlbekannte Namen
　Zu hören.
Sully. Welche Namen?
Henriette. Deutlich klang es:
　Concini — (Stimmen hinter der Scene.)
Sully. Welch Geschrei und Toben! (Er eilt ans Fenster.)
Epernon (noch außerhalb der Scene einfallend). Gräßlich,
　O gräßlich schaudervolle That!
　(Er tritt zerstört und leichenblaß durch die Mitte ein; der Lärm verstummt.)
Sully (ihm entgegen). Herzog
　Von Epernon, was ist geschehn? Wie — kam
　Mein warnender Befehl zu spät?
Epernon. Er kam
　Zu spät, um das Entsetzlichste von uns
　Zu wenden. König Heinrich ist nicht mehr.
　(Sully sinkt sprachlos auf einen Sessel zurück.)
Henriette. Mensch, widerruf', wenn Du kein Teufel bist!
Epernon. O Fluch dem Thäter, der auf unser Frankreich
　Elend und Schande häuft! Entwürdigt ist
　Das Heiligthum des Volks, in dessen Mitte
　Ein Königsmörder lebt.

Henriette. O bleibt nicht thatlos!
Ruft Aerzte! dieses theure Leben ist
Noch aufzuhalten. Sully! Epernon! Eilt, eilt!
Es kann nicht — kann nicht sein, daß die Natur
So wüthet gegen ihren eignen Liebling.

Epernon. Umsonst, Marquisin!
(Durch das Fenster an der linken Seite blickend.)
Eben führen sie
Die blutbedeckte Leiche durch das Thor
Des Louvre.

Henriette (wankt gegen das Fenster und sinkt dann rücklings mit einem Schrei des Entsetzens todt in Epernons Arme, der sie auf den Divan niederläßt).

Epernon. Der Schreck brach ihr das Herz, — sie ist dahin.
Fahr' wohl! Dein Tod sühnt Deines Lebens Irrthum.

Sully (der, das Haupt auf seine Hand gestützt, wie leblos und ohne Theilnahme am Verlauf der Scene für sich hinstarrte).
Habt Ihr denn keine Thräne, Augen? Findet
Ihr keine Worte, Lippen, diesen Schmerz
Ausschüttend aus der Brust mir zu erleichtern?
(Ein Page ist indeß eingetreten und hat still mit Epernon gesprochen; dieser nähert sich dem Minister.)

Epernon. Die Abgesandten Ihres großen Planes
Erwarten Sie im Krönungssaal.

Sully. Die Sonne
Ging unter in der Heimat, — was soll ich
Noch mit des Abendrothes Flimmern? Senden
Sie Ihnen Herzog Sully's Lebewohl!
Die Völker mögen ruhig dulden, was
Sie drückt! Die Klage stärke nur ihr Joch.
Von Frankreich sei kein Retter mehr zu hoffen.

(Epernon gibt dem Pagen einen Wink, welcher sich hierauf entfernt. Unter dem Säulenportal wird Concini mit mehreren Hofdienern sichtbar. Sully erhebt sich.)

Letzte Scene.

Die **Vorigen. Concini** mit einigen Hofdienern. Später wird die Leiche des Königs durch das Säulenportal auf die Scene getragen, begleitet von mehreren Hofherren. Gleichzeitig erscheint die Königin **Marie**, gefolgt von **Villeroi, La Riviere, Leonore Galigai** und einigen Hofdamen.

Aus der Ferne ertönen die ersten klagenden Accorde eines Trauermarsches von Posaunen und Trompeten.

Concini (vortretend zu Sully).
In tiefstem Schmerze, Herzog —

Sully (einfallend). Wie? Erhebt sich
Die Heuchelei so frech schon, daß sie über
Die Wunde Frankreichs wagt zu spotten?
(Er ergreift Concini's Hand und zieht ihn neben die Marquisin.)
Hierher, Concini! Deinen Namen nannte
Der Mörder, als er Absolution
Bei den Dominikanermönchen suchte.
Ob auch der einzigen Zeugin Auge brach,

Ob auch Toledo Dich beschütze, wirst
Dem ewig wachen Gott der Rache dennoch
Du nicht entrinnen
(Alle sehen sich entsetzt an. Concini wankt vernichtet gegen die Seite.)

Concini (mit stierem Blick gegen das Fenster, zurückprallend).
Blendwerk der Hölle!
Ravaillac dort — gefangen!

Sully. Ha — Du kennst
Den Mörder? Fort zu ihm in die Bastille!
(Auf einen Wink Sully's wird Concini von zwei bewaffneten Hofdienern ergriffen und weggeführt.)

Epernon. O Sully, wo ist Trost in solcher Wendung!

Sully (mit einem Blick nach oben).
Bei dem, der Herr ist über Tod und Leben.
(Der Trauermarsch rückt immer näher und in der Tiefe der Säulenhalle werden bereits die ersten Personen des Leichenconductes sichtbar.)
Hört Ihr den Ton ohnmächtiger Klagen?
Wie des Gerichts Posaunen rufet dieser
Erschütternd bange Schall des Trauerzuges
Bedrückern und Bedrückten laut zu: Friede!
Versöhnung!

Epernon (in bitterm, tiefstem Schmerz). Friede auf der Hoffnung Grab
Für Millionen Lebender!
(Die Leiche des Königs wird von der linken Seite durch das Säulenportal hereingetragen und mitten auf der Scene niedergelassen. Gleichzeitig mit der Leiche erschien, von der rechten Seite kommend, die Königin Marie mit Begleitung unter dem Säulenportal und folgt unter den Zeichen der tiefsten Trauer dem Leichenzug auf die Scene. Wenn die Bahre niedergelassen ist, verstummt die Musik.)

Marie. Was steht Ihr da,
Vor Schrecken bleich und stumm? Euch Alle trifft
Nicht meines Jammers unnennbare Größe,
Denn Ihr verlort den König nur; doch ich,
Die kaum erst in der Liebe Rosenmorgen
Eintrat, umklammre hier jetzt Alles, was vom Reiz
Des Daseins mir noch übrig blieb, in dieser
Entseelten Hülle.
(Sie kniet, sich über den Leichnam neigend, an der Bahre nieder.)

Sully. Jammervoller Anblick!
Nur Staub von Dem noch, dessen hoher Geist
Ins undurchforschbar weite All entschwand. —
So dreht die Welt sich stets im alten Kreislauf.
Jedwedes Dasein ist ein Kampf, der Ausgang
Noch nicht der Schluß: ihn, dessen kühnem Streben
Das Werk des Friedenbringers hier mißlang, —
Ihn rief verfrüht der Tod zu besserm Leben,
Als er der Vollmacht Grenze übersprang.

(Der Vorhang fällt.)

Druckfehler.

In einem Theile der Tragödie sind aus Versehen einige Druck=
fehler stehen geblieben. So z. B. auf
Seite 2, Zeile 20 von Unten: „müßt er," statt „müßte er;"
„ 3, „ 4 „ „ „den Bauer," „ „der Bauer;"
„ 40, „ 3 „ „ „dro de Toledo," statt „Petro de Toledo."

Auf der ersten Seite blieb im ersten Vers eine Klammer stehen; auf Seite 9, Zeile 12 von Unten ist nach dem Worte „denken" ein Fragezeichen, auf Seite 35, Zeile 5 von Unten nach „Wirklich= keit" ein Punktum zu setzen, 2c. 2c. — Wir ersuchen, diese und ähnliche Errata, die sich als solche leicht aus dem Zusammenhang erkennen lassen, freundlichst entschuldigen und verbessern zu wollen.